티끌 모아
속담
문장력
일취월장

일취월장 국어실력 ②

티끌 모아
**속담
문장력**
일취월장

초판 1쇄 발행 2013년 1월 25일 | **초판 5쇄 발행** 2017년 10월 30일
글쓴이 정윤경 | **그린이** 백명식
펴낸이 김명희 | **편집부장** 이정은 | **편집** 김태윤
디자인 신영미 | **마케팅** 홍성우, 이가은, 김정혜, 김정선 | **관리** 최우리
펴낸곳 다봄 | **등록** 2011년 1월 15일 제 395-2011-000104호
주소 경기도 고양시 덕양구 고양대로 1384번길 35
전화 031-969-3073 | **팩스** 02-393-3858
전자우편 | dabombook@hanmail.net

ISBN 978-89-966779-8-7 64710
       979-11-85018-07-2 (세트)

ⓒ 다봄, 2013

이 도서의 국립중앙도서관 출판시도서목록(CIP)은 e-CIP홈페이지(http://www.nl.go.kr/ecip)와
국가자료공동목록시스템(http://www.nl.go.kr/kolisnet)에서 이용하실 수 있습니다.(CIP제어번호:CIP2013000114)

*책값은 뒤표지에 표시되어 있습니다.
*파본이나 잘못된 책은 구입하신 곳에서 바꿔드립니다.

품명 아동 도서	**사용연령** 8세 이상	
제조국 대한민국	**제조년월** 2017년 10월 30일	
제조자명 도서출판 다봄	**연락처** 031-969-3073	
주소 경기도 고양시 덕양구 고양대로 1384번길 35		
주의사항 종이에 베이거나 긁히지 않도록 조심하세요.		
책 모서리가 날카로우니 던지거나 떨어뜨리지 마세요.		
KC마크는 이 제품이 공통안전기준에 적합하였음을 의미합니다.		

문장력을 키워 주는 알짜배기 속담 30

티끌 모아 속담 문장력 일취월장

글 정윤경 그림 백명식

다봄

차례

이렇게 구성되어 있어요! … 6

1장 우와, 너무 재미있어! 재치 넘치는 우리 조상

바늘 가는 데 실 간다 10 | 빈 수레가 요란하다 14 | 좋은 약은 입에 쓰다 18
작은 고추가 맵다 22 | 떡 줄 사람은 생각도 않는데 김칫국부터 마신다 26

2장 아니, 이런 깊은 뜻이? 생활에서 나온 속담

되로 주고 말로 받는다 32 | 돌다리도 두들겨 보고 건너라 36 | 낫 놓고 기역 자도 모른다 40
등잔 밑이 어둡다 44 | 소 잃고 외양간 고친다 48 | 아니 땐 굴뚝에 연기 날까 52

3장 입조심 말조심! 친구 사이에도 지킬 것은 지키자.

말 한마디에 천 냥 빚을 갚는다 58 | 가는 말이 고와야 오는 말도 곱다 62
낮말은 새가 듣고 밤말은 쥐가 듣는다 66 | 발 없는 말이 천 리 간다 70
백지장도 맞들면 낫다 74 | 사공이 많으면 배가 산으로 간다 78
똥 묻은 개가 겨 묻은 개 나무란다 82

4장 위풍당당 올바른 사람으로 자라려면!

벼는 익을수록 고개를 숙인다 88 | 세 살 버릇 여든까지 간다 92
개구리 올챙이 적 생각 못한다 96 | 콩 심은 데 콩 나고 팥 심은 데 팥 난다 100

5장 노력하는 사람이 꿈을 이룬다!

천 리 길도 한 걸음부터 106 | 지성이면 감천이다 110 | 제비는 작아도 강남 간다 114
될성부른 나무 떡잎부터 알아본다 118 | 열 번 찍어 안 넘어가는 나무 없다 122
감나무 밑에 누워 연시 떨어지기를 바란다 126 | 티끌 모아 태산 130
공든 탑이 무너지랴 134

문장력을 키워 주는 알짜배기 속담 30 … 138

시험에 잘 나오는 쪽집게 속담 … 140

이렇게 구성되어 있어요!

❶ 속담의 뜻을 알아봅니다.

❷ 속담의 내용을 쉽고 재미있는 삽화로 보여줍니다.

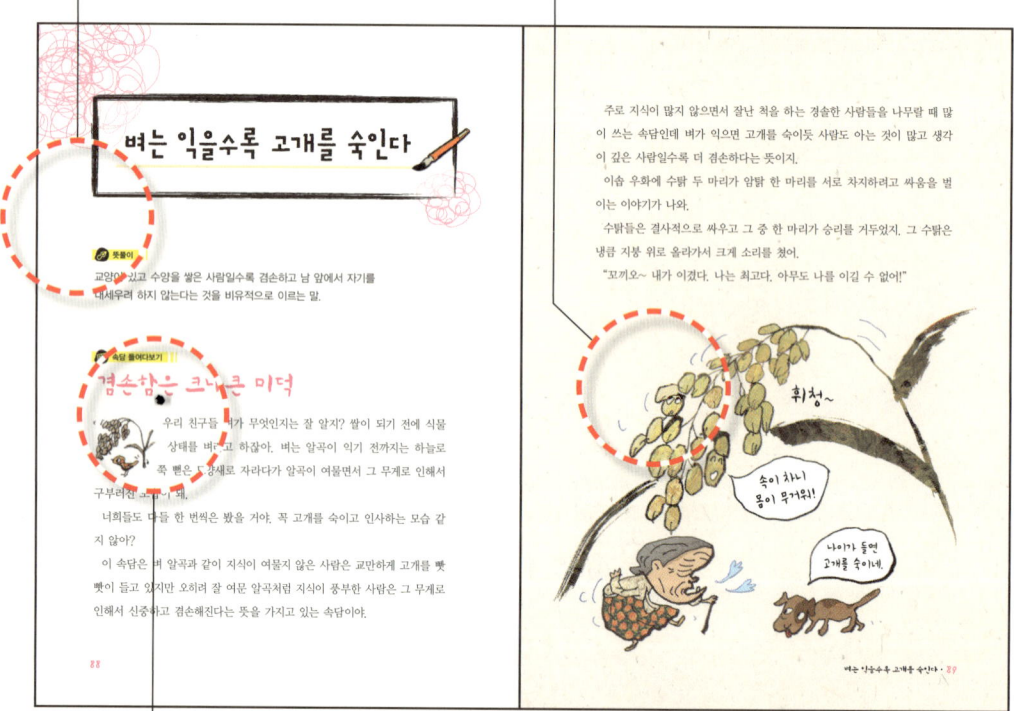

❸ 속담을 이야기 형식으로 재미있게 풀어 줌으로써 지루하지 않고 좀 더 쉽게 속담을 익힐 수 있습니다.

❹ 같은 뜻의 다른 속담을 넣어 다양한 속담을 익힐 수 있습니다.

❻ 다양한 형식의 글쓰기를 통해 실제 우리가 쓰는 글에서 속담이 어떻게 활용되는지 보여 줍니다.

❺ 짧은 한 문장 속에서 속담을 활용하는 방법을 보여 줍니다.

❼ 어떤 경우에 해당 속담을 이용하여 글을 쓰는지를 설명해 주어 실제 글쓰기에 도움을 줍니다.

1장
우와, 너무 재미있어! 재치 넘치는 우리 조상

- 바늘 가는 데 실 간다
- 빈 수레가 요란하다
- 좋은 약은 입에 쓰다
- 작은 고추가 맵다
- 떡 줄 사람은 생각도 않는데 김칫국부터 마신다

바늘 가는 데 실 간다

뜻풀이

바늘과 실이 서로 따라다니는 것처럼, 관계가 있는 사람들끼리 서로 함께 한다는 말로 서로 떨어져서는 아무것도 할 수 없어 늘 붙어 다닌다는 뜻.

속담 들여다보기

혼자서는 할 수 없어!

반짝반짝 빛나는 황금 바늘이 있었어. 바늘은 외모뿐 아니라 날카롭고 재빨라서 어떤 옷감이든 뚫을 수 있고, 솜씨 좋게 꿰맬 수 있는 능력이 있었지.

세상 어떤 바늘보다 우수한 황금 바늘은 많은 사람들의 칭찬을 받았고, 수많은 사람들이 황금 바늘을 탐냈어. 그러다 보니 바늘의 자신감은 하늘을 찌를 듯했고 자신감이 도가 지나쳐서 늘 우쭐하고 점점 교만해지기 시작했어.

사람들이 실을 가지고 와서 바느질을 하려고 하면,

"아니? 지금 내 귀에 그따위 싸구려 실을 꿰겠단 말이야? 황금 실을 가져오라고!"

황금 바늘은 화를 냈지. 하지만 모든 옷과 옷감에 비싼 황금 실을 쓸 수는 없었기에 까다로운 황금 바늘을 찾는 사람들은 점점 줄어들었어.

"쳇! 그따위 실이 없다고 내가 바느질을 못할 것 같아? 난 세계 최고의 황금 바늘인데 말이야." 자신을 찾는 사람들이 없어도 절대 주눅 들지 않았어. 그러던 어느 날, 황금 바늘은 실 없이 혼자 바느질을 하겠다고 결심했어.

"실 따위 없다고 내가 멋진 옷을 못 만들 것 같아? 난 세계 최고의 황금 바늘인데?"

자신감이 가득 차 오른 황금 바늘은 곱디 고운 비단 천을 펼쳐 놓고 아름다운 비단 옷을 만들기 위해 바느질을 시작했지.

재단된 선 위로 어느 때보다 더 열심히 바느질을 끝낸 황금 바늘이었어.

"자, 이쯤하면 나, 황금 바늘 혼자 만든 훌륭한 비단옷이 지어졌을 테지?"

황금 바늘은 두근두근 설레는 마음으로 자신이 만든 비단옷을 쫙 펼쳐 보았어. 아니, 그런데 이게 웬일이야? 비단옷은커녕 천 조각들이 바닥으로 우수수 떨어지는 게 아니겠어? 실이 없었기 때문에 황금 바늘이 열심히 바느질을 한 곳엔 바늘구멍만 생겼을 뿐 바느질이 되지 않았던 거야.

"정말 나 혼자는 바느질을 할 수 없는 것이구나. 아무리 열심히 바느질을 해도 실 없이는 옷을 만들 수 없는 거였어."

바늘은 그동안 자신이 쓸데없는 자존심만 내세웠다는 것을 깨닫고 후회했어. 그 후로는 무조건 어딜 가서 어떤 일을 하든 늘 실과 함께 다니기로 맹세했단다.

 뜻이 통하는 속담

바늘 가는 데 실 간다. = 용 가는 데 구름 간다.
= 범 가는 데 바람 간다.

어떻게 쓰일까?

- 민수와 지연이는 짝꿍이 되더니 **바늘 가는 데 실 가듯이** 붙어 다니는구나!
- 동민이가 결혼하더니, **바늘 가는 데 실 가듯이** 자기 아내를 늘 데리고 다닌다.

속담으로 글쓰기 | 편지글

보고 싶은 친구에게

친구야. 먼 미국에 가서도 잘 지내지?

나와 한국에 있는 친구들도 모두 다 잘 지내고 있어. 네가 미국으로 이민을 간 지도 벌써 여러 달이 지났구나.

그동안 낯선 미국에서 새로 친구들은 많이 사귀었니? 너는 원래 성격도 좋고 친구에게 다정한 아이니까 미국에서도 인기 많은 친구가 됐겠지? 너의 새로 사귄 미국 친구들도 궁금하다.

한국에서는 너와 나, 둘이 단짝 친구였는데. 다른 친구들이 많이 부러워했잖아. 우리 담임 선생님께서도 너와 내가 같이 다니면 '바늘 가는 데 실 간다.'고 웃으시기도 하셨고 말이야. 그런 내 단짝 친구가 멀리 미국으로 이민을 간다니 너무 슬픈 일이었어. 꽤 시간이 흘렀지만 아직도 네가 그 먼 곳에 떨어져 있다는 것이 실감나질 않아.

그래도 이렇게 이메일이나 편지로 서로 연락할 수 있으니 정말 다행이지 않니?

미국에서도 즐겁게 생활하고 우리 자주자주 연락하자.

이럴 땐 이런 속담

이 편지에서 미국으로 이민 간 친구를 그리워하며 두 친구가 얼마나 친한 사이였는지를 '바늘 가는 데 실 간다.'라는 속담을 쓰면서 강조하고 있어. 바늘과 실이 항상 같이 다니듯 두 친구는 어딜 가든지 함께 다니던 단짝 친구였다는 것을 알겠지? 이 속담은 주로 떼려야 뗄 수 없는 친밀한 관계를 이야기하고 싶을 때 쓰면 좋겠어.

빈 수레가 요란하다

🔑 뜻풀이

지식이 없고 교양이 부족한 사람일수록 더 아는 체하며 떠든다는 뜻.
실속 없이 허세만 부린다는 뜻.

📖 속담 들여다보기

실속 없는 빈 수레

너희들 수레를 아니? 바퀴를 달아서 짐을 옮길 때 쓰는 물건을 수레라고 해. 수레는 많은 물건들을 담아 옮길 수 있지만 나는 수레하면 책 수레가 떠올라.

먼 옛날 중국의 시인 두보라는 사람이 쓴 시에서 '사람은 다섯 수레의 책을 읽어야 한다.'고 말했거든. 지금도 독서의 중요성을 말할 때 이 말을 인용하곤 하지.

자, 수레에 책이 가득하다고 생각해 보자. 책이 가득 든 수레를 끌면 소리가 날까? 꽉 찬 수레에서는 소리가 나지 않아. 하지만 수레에 책이 달랑 한두 권만 들어 있다고 생각해 봐. 수레를 끌다가 울퉁불퉁한 길이라도 나오

면 텅 빈 수레 속에서 책이 굴러다니면서 소리가 나겠지?
 그 수레를 사람의 마음이나 뇌로 생각해 볼까? 머리나 가슴이 지식과 겸손한 마음으로 가득 찬 사람은 생각도 깊고 행동도 바르기 때문에 요란한 소리가 나지 않지만 수레가 텅텅 비듯 지식과 바른 생각이 없는 사람들은 경솔하고 행동도 옳지 않기 때문에 언제 어디서나 문제를 일으키면서 시끄러워진단다.

너희 주변에는 그럼 사람이 없니? 가진 것이 없으면서도 허세를 떨면서 부자인 척 떠드는 사람. 아는 지식이 별로 없는데도 큰소리로 아는 척 나서는 사람. 이런 사람들을 보고 '빈 수레가 요란하다.'는 말을 쓰기도 하고, 거창하고 대단하게 소문이 났지만 알고 보면 실속이 없는 경우에도 이 속담을 쓰곤 해.

수업 시간에 말이 많아서 선생님께 지적을 많이 받거나 질문을 지나치게 많이 하고 아는 척을 하지만 결국 성적은 잘 안 나오는 친구들. 이런 친구들에게 쓰면 어울리는 속담이지.

이 책을 읽는 친구들은 요란하게 덜그럭거리는 빈 수레가 되기보다는 지식과 교양으로 꽉 찬 수레가 되어야겠지?

뜻이 통하는 속담

빈 수레가 요란하다. = 소문난 잔치에 먹을 것 없다.
= 가장 나쁜 바퀴가 가장 삐걱거린다.

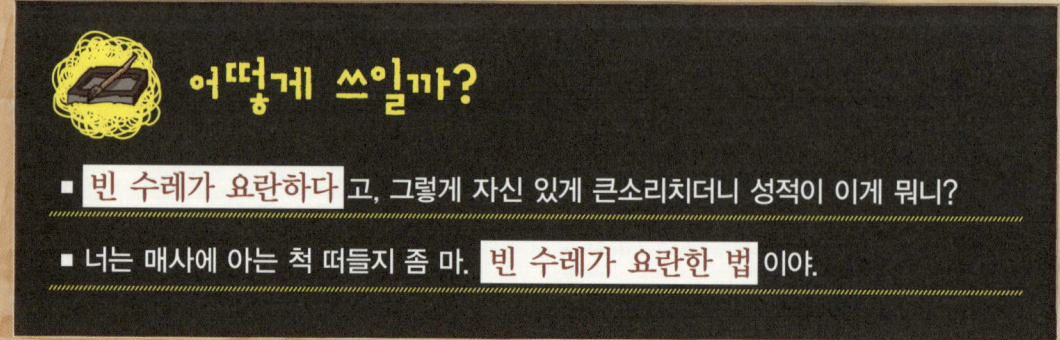

속담으로 글쓰기 | 기사문

빈 수레가 요란했던 체육 대회

○○○○년 ○○월 ○○일, 은별 초등학교 12회 가을 체육 대회가 열렸다.

다른 해 같으면 학생 전원이 체육 대회를 위해 한 달 전부터 경기 예선을 치르고 율동 연습을 하는 등 많은 시간을 보냈겠지만 올해 운동회는 학교 측에서 이벤트 업체에 맡겨서 미리 준비할 것이 없는 모습이었다.

또한 운동회를 구경 온 부모님과 가족들은 예전처럼 오래 준비해서 발표하는 무용이나 구호, 응원이 없어 허전하다는 의견이 많았다.

교육 과학 기술부에 따르면 올해 이벤트 전문업체에 운동회를 맡긴 전국의 초등학교는 587개 학교로 전체 10개 학교 중 1곳이다. 그리고 서울은 지난해 14개 학교에서 올해 26개 학교로 늘었고, 전남은 46개 학교에서 77개 학교로 증가했다. 특히 울산은 전체 119개 학교 중 34개 학교가 올해 이벤트 업체에서 운동회를 진행했다고 하니 이런 방식의 운동회는 갈수록 늘어 갈 것이고, 초등학교 운동회에 관한 추억도 달라질 것이다. 이벤트 회사 직원의 사회로 유난히 시끄럽고 정신없었다는 지적이 많았던 <u>빈 수레가 요란한</u> 체육 대회였다.

이럴 땐 이런 속담

겉으로만 화려하고 추억이 없는 운동회를 '빈 수레가 요란하다.'고 표현했지. 글에서처럼 이 속담은 사람에게만 쓰이는 것이 아니라 거창하게 보이지만 실속이 없다거나 괜히 소문만 많은데 알고 보면 별 게 없는 일들을 비유해서 말할 때도 쓰여. 주로 긍정적인 글보다는 부정적인 글에 많이 쓰이는 속담이라고 할 수 있지.

좋은 약은 입에 쓰다

뜻풀이

듣기 싫고 귀에 거슬리는 말일수록 도움이 된다는 뜻.

속담 들여다보기

때론 쓴소리에도 귀를 열어야 해!

옛날 중국 한나라의 제 1대 황제인 유방이라는 사람이 있었어. 유방이 나라를 세울 때 진나라를 정복하고 진나라 황제에게 항복을 받아 왕궁으로 들어갔대.

진나라 왕은 나라와 백성을 돌보는 것보다 백성들이 낸 세금으로 흥청망청 먹고 노는 것을 좋아했기 때문에 왕궁에는 온갖 화려한 금은보화들이 산더미처럼 쌓여 있고, 아름다운 궁녀도 셀 수 없이 많았어. 전쟁에 지치기도 했고 워낙에 술을 좋아하는 유방은 편안한 궁에 머물면서 좀 쉬고 싶었어.

"전쟁도 승리를 했고 진나라의 왕궁도 차지했으니 이 궁에서 마음껏 먹고 마시고 쉬도록 하자!"

유방이 군사들에게 말하자 다들 환호성을 지르며 신이 났지. 군사들 역시 오랜 전쟁으로 힘들고 지쳐 있었기 때문이야. 그러자 장량이라는 현명한 부하가 나서서 말했어.

"원래 진나라가 백성들을 돌보지 않고 원한을 샀기 때문에, 전하 같은 서민에게 왕궁을 빼앗긴 것이옵니다. 지금 전하의 임무는 남은 적들을 소탕하고 민심을 안정시키는 것인데, 포악한 진나라 왕을 따라 하시려 한다면 진나라 왕처럼 망하게 될 것입니다. 원래 충성스러운 말은 귀에 거슬리지만 행실에는 이롭고, 좋은 약은 입에 쓰나 병에는 이롭다고 하였나이다."

부하가 감히 왕에게 이런 버릇없는 말을 하다니 다들 놀라고 두려웠어. 괘씸하게 왕에게 대든 부하에게 어떤 벌을 내릴까 다들 두려운 눈으로 바라보았지. 잠시 굳은 얼굴로 깊은 생각을 하던 유방은 대범하게도 허허 웃었어.

"그래. 장량, 네 말이 맞다. 내가 이곳에서 진나라 왕과 똑같이 행동한다면 백성들은 나아지고 달라질 것이 없는 나라에서 무슨 희망을 갖고 살겠는가. 자, 서둘러 전쟁터로 나가자!"

이렇게 유방은 장량이라는 부하의 말을 듣고 다시 전쟁터로 나갔대.

장량처럼 위험을 무릅쓰고 바른말을 하는 충신이 곁에 있었기 때문에 유방은 성공적으로 한나라를 세우게 된 것이란다.

뜻이 통하는 사자성어

좋은 약은 입에 쓰다. = 양약고구 : 良(어질 량) 藥(약 약) 苦(쓸 고) 口(입 구)
좋은 약은 입에 쓰다는 뜻으로, 아무리 듣기 싫은 말이라도 자신에게 이로울 수 있다는 뜻.

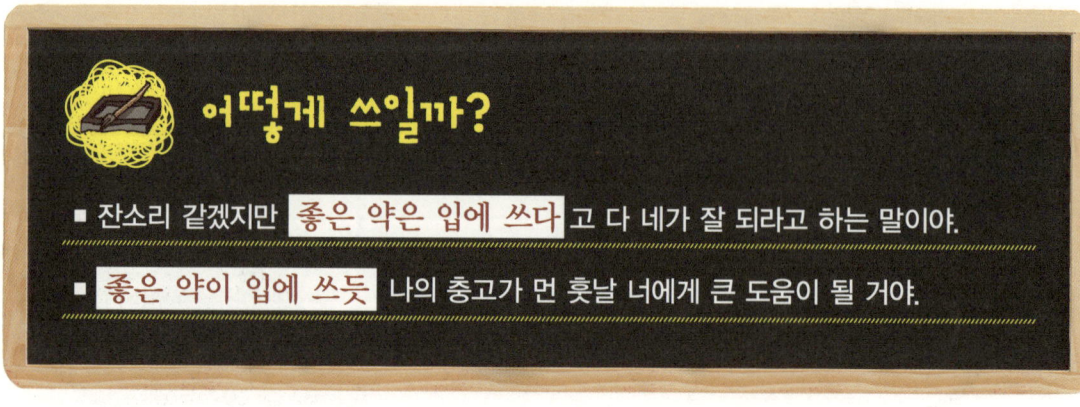

어떻게 쓰일까?

- 잔소리 같겠지만 **좋은 약은 입에 쓰다**고 다 네가 잘 되라고 하는 말이야.
- **좋은 약이 입에 쓰듯** 나의 충고가 먼 훗날 너에게 큰 도움이 될 거야.

속담으로 **글쓰기** | 독서 감상문

착한 사람에게만 보이는 거짓말 '벌거숭이 임금님'

《벌거숭이 임금님》에는 사기꾼에게 속임을 당해서 벌거숭이로 다니는 임금님과 그런 임금님에게 옷이 괜찮다고 아첨을 하는 백성들이 나온다. 하지만 마지막에는 양심을 속이고 거짓말을 하는 백성들과 다르게, 한 아이가 진실을 말하면서 이야기가 끝난다.

과연 임금님에게 진실을 말한 아이는 잘한 것일까? 만약 아이가 진실을 말하지 않았으면 어떻게 되었을까? 아마도 사기꾼들에게 계속 속아서 벌거벗은 몸으로 돌아다니고 백성들도 하는 수 없이 거짓말쟁이가 되었을 것이다.

그래서 나는 아이가 당연히 옳은 일을 한 것이라고 생각한다.

<u>좋은 약은 입에 쓰다고</u>, 비록 아이의 말에 잠깐 동안은 임금님이 창피했을지 몰라도 그 말에 자신의 어리석은 행동을 크게 뉘우쳤을 것이다. 또 어린아이 앞에서 보이지도 않는 옷을 칭찬한 어른들도 반성했을 것이다.

나도 듣기 좋은 말만 들으려 하지 말고 때론 듣기 싫은 바른말도 듣고 뉘우칠 줄 아는 현명한 사람이 되어야겠다.

📄 이럴 땐 이런 속담

독서 감상문에서는 이야기의 주제에 어울리는 속담을 써 주거나 내가 얻은 교훈에 걸맞는 속담을 써 주면 글이 한결 깊이 있고 뜻 전달이 쉽게 돼. 이 글에서도 '좋은 약은 입에 쓰다.'라는 속담을 통해 임금님에게 모두 거짓 칭찬을 할 때 진실을 말한 아이의 행동이 옳다는 것을 명확하게 전달할 수 있단다.

작은 고추가 맵다

🔖 뜻풀이

몸이 작아도 힘이 세거나 재주가 뛰어나 어떤 일을 당차게 하는 사람을 두고 하는 말.

📖 속담 들여다보기

작다고 무시하면 큰 코 다치지!

옛날 중국 제나라에 안영이라는 재상이 있었어. 이 재상은 지혜롭기로 소문나서 많은 사람들에게 존경받는 사람인데 유난히 키가 작았다고 해.

어느 날, 이웃 초나라 왕이 제나라의 사신을 초대하게 되었어. 지금도 외교관들이 있듯이 옛날에도 서로 다른 나라에 사신을 보내서 나라 간의 친분도 쌓고 경계도 하곤 했거든.

제나라 왕은 평소 자랑스럽게 생각하는 신하 안영을 사신으로 보냈어. 안영이라면 훌륭하게 사신의 역할을 해 줄 것이라 믿었기 때문이야. 그렇게 안영은 사신으로 초나라를 방문하게 됐지.

초나라 왕은 제나라에서 온 사신이 얼마나 대단한 사람일까 궁금했어. 그래서 온갖 좋은 음식과 훌륭한 연회를 준비해 반갑게 맞아 주었지. 그런데 자신의 초대를 받고 온 사신 안영의 외모가 키도 작고 보잘것없자 살짝 심통이 나서 조금 짓궂은 질문을 하게 되었어.

"경의 나라에는 얼마나 사람이 없기에 경과 같은 사람을 보낸 것이요?"

그러자 안영은 기분이 나쁠 만도 한데 오히려 태연하게 대답했어.

"저희 왕께서는 힘이 세고 큰 나라에는 키가 큰 사람을 보내고, 힘이 약하고 작은 나라에는 저처럼 작은 사람을 보냅니다."

 결국 초나라 왕이 키가 작은 안영을 놀리려다가 오히려 당한 꼴이 되었어. 안영같이 작지만 지혜롭고 능력이 남다른 사람을 말할 때 '작은 고추가 맵다.'는 속담을 써. 그럼 정말 작은 고추가 큰 고추보다 매울까?

 원래 고추라는 식물은 햇빛을 받고 키가 쭉쭉 자라야 하는데 똑같은 시간동안 키는 덜 자라고 작은 몸에 햇빛을 더 받아 바짝 독이 오른 작은 고추라면 더 맵다고 할 수 있지 않을까?

 사람도 작다고 그 능력이 부족하다고 무시하면 안 돼. 독이 올라 매운 고추처럼 야무진 사람도 아주 많단다. 너희 혹시 나보다 키가 작은 친구를 놀리는 어리석은 행동을 하는 것은 아니겠지?

 **뜻이 통하는 속담**

작은 고추가 맵다. = 후추는 작아도 맵다.

어떻게 쓰일까?

- 동생을 무시하지 마. <mark>작은 고추가 맵다</mark>고 동생이 너보다 더 잘할지도 몰라.
- <mark>작은 고추가 맵다</mark>고 한국 선수들이 키 큰 서양 선수들을 당당히 이기는구나.

속담으로 글쓰기 | 자기 소개서

키가 작은 꼬마 박재상

저는 드림 초등학교 5학년 물빛반의 제일가는 춤 대장 박재상입니다.

저는 이름도 세계적인 가수 싸이 아저씨와 똑같은 것처럼 반에서 노래와 춤을 가장 잘 추며 끼가 넘치는 아이입니다. 어릴 적부터 사람들 앞에서 춤추고 노래를 하길 좋아해 제가 사는 동네에서도 유명한 편입니다. 저를 아는 어른들은 모두 저보고 나중에 커서 싸이 아저씨처럼 유명한 가수가 되라고 하십니다.

하지만 저는 가수 말고도 꿈을 하나 더 가지고 있습니다. 가수 말고 제가 가지고 있는 꿈은 의사인데 사실 부모님이 바라는 꿈이 의사이고 제가 생각하는 꿈은 가수가 되는 것이지요.

그래서 저는 의사와 가수 두 가지를 모두 하는 사람이 되고 싶습니다. 어려운 꿈을 둘 다 이루려면 정말 많은 노력이 필요하겠죠?

또래 친구들보다 키가 작은 꼬마 박재상. 하지만 '작은 고추가 맵다.'는 말도 있듯이 작은 꼬마 박재상이 공부도 잘하고 노래와 춤도 열심히 닦아 꼭 두 가지 꿈을 모두 이루는 모습을 보여 드리겠습니다.

이럴 땐 이런 속담

이 자기 소개서에서 재상이는 자신이 잘하는 춤과 노래를 살려 가수가 되는 꿈과 부모님의 기대에 따라 의사가 되는 꿈을 모두 이루겠다는 생각을 글로 썼어. '작은 고추가 맵다.'는 속담을 글 속에 인용함으로써 작은 재상이의 당찬 포부가 간접적으로 드러나고 있어.

떡 줄 사람은 생각도 않는데 김칫국부터 마신다

 뜻풀이

어떤 일을 해 줄 사람은 생각도 안 하는데 미리 해 줄 것이라 기대한다는 뜻.

속담 들여다보기

부질없는 기대와 실망

 속담에 맛있는 떡이 나오니까 떡 생각이 나지 않니? 떡을 먹기 전에 우리 속담을 한번 들여다보자!

보통 속담은 입에서 입으로 전해 내려오거나 예전 우리 조상들이 이어져 오던 생활 습관과 관계가 있는 게 많아. 이번 속담은 우리 조상들의 생활 습관을 보면 쉽게 이해가 될 거야.

보통 옛날 사람들은 떡을 먹을 땐 약간 싱겁고 뻑뻑해서 목이 막힐 수 있으니까 시원한 김칫국을 마시면서 떡을 먹었대. 그렇게 하면 먹기도 쉽고 맛도 좋았겠지?

그런데 아무도 떡을 줄 생각이나 계획이 없는데 떡이 나올 것으로 착각하

고 미리 김칫국을 마시고 있으면 어떨까? 뱃속에 매운 김칫국만 들이마셨으니 속이 쓰리겠지? 바로 이런 상황을 두고 재치 있게 만들어 낸 속담이야.

어떤 물건을 원하거나 어떤 일이 성사되길 바랄 때 아직 그것이 이루어지지 않았음에도 불구하고 미리 기대하고 행동을 하는 경솔한 사람들이 있어. 그런 사람들은 자신의 기대와는 달리 결국 원하는 것을 얻지 못했을 때 더 크게 실망하고 힘들어 하겠지?

예를 들면 너희가 최신형 스마트폰을 생일 선물로 부모님께 받을 것이라 생각하고 용돈을 모아 예쁜 스마트폰 케이스를 사 뒀는데 부모님이 선물로 책을 사 주셨다면 어떨까?

그 스마트폰 케이스도 쓸모없어지고 실망도 이만저만 아니겠지? 바로 이처럼 선물도 확인 안하고 짐작만으로 케이스부터 산 행동이 '떡 줄 사람은 생각도 않는데 김칫국부터 마시는 행동'이야. 이해가 쉽게 됐지?

이 속담처럼 짐작만으로 쓸데없는 기대를 갖는 것보다는 돌다리도 두드려 보고 건너는 신중함을 가진 사람이 더 현명한 사람이야. 알겠지?

뜻이 통하는 속담

떡 줄 사람은 생각도 않는데 김칫국부터 마신다. = 떡방아 소리 듣고 김칫국 찾는다.
= 앞집 떡 찧는 소리 듣고 김칫국 찾는다.

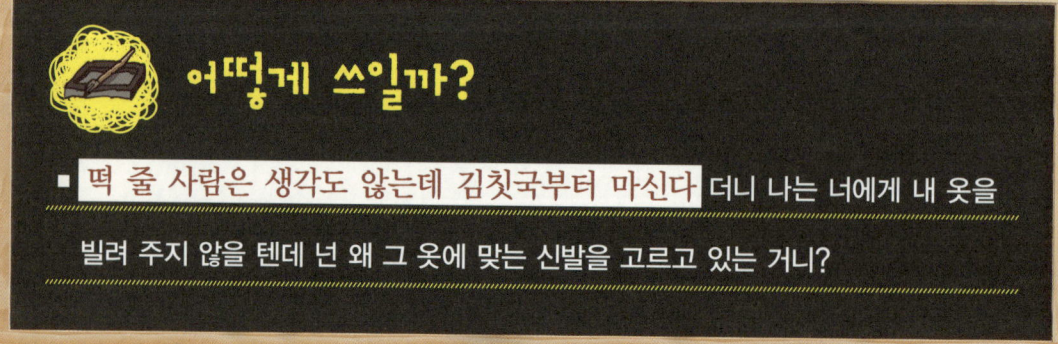

어떻게 쓰일까?

■ **떡 줄 사람은 생각도 않는데 김칫국부터 마신다**더니 나는 너에게 내 옷을 빌려 주지 않을 텐데 넌 왜 그 옷에 맞는 신발을 고르고 있는 거니?

속담으로 글쓰기 | 일기문

2012년 11월 11일 하루 종일 비

오늘은 11월 11일 1자가 4개나 들어가는 날.

그래서 빼빼로 데이라고 부르는 날이다. 빼빼로는 길쭉길쭉 1자와 닮은 과자이니까. 엄마께서 빼빼로 데이는 한 과자 회사에서 돈을 벌려는 상술로 일부러 만든 날이기 때문에 신경 쓸 것 없다고 하셨지만 학교에 가 보니 반 친구들은 서로 빼빼로를 선물하고 선물 받고 너도 나도 신이 나 있었다.

내 짝 민서도 쇼핑백에 예쁘게 포장되어 있는 빼빼로를 가득 담아 왔다. 난 민서의 쇼핑백을 보면서 생각했다. '당연히 저 안에 내 것도 있겠지?'

민서한테 빼빼로를 받을 생각을 하니 기분이 좋아졌다. 얼마나 예쁘고 맛있는 것으로 준비했을까 기대가 되었다.

하지만 시간이 지나도 민서는 나에게 준비한 선물을 주지 않았다. 점심시간 화장실에 다녀와 보니 그 선물들은 이미 다른 친구들의 손에 모두 가 있었다.

난 <u>떡 줄 사람은 생각도 않는데 김칫국부터 마신</u> 꼴이 되었다. 난 민서의 하나뿐인 짝인데 나를 빼놓다니……. 내 짝 민서에게 조금 서운한 하루였다.

이럴 땐 이런 속담

속담을 적절히 써 주면서 괜한 기대에 대한 아쉬움을 명확하게 나타내고 있어. 결과가 나타나지도 않았는데 혼자 기대하고는 설레발치는 경우에 비유적으로 사용하면 좋은 글쓰기가 될 거야. 떡을 먹으려면 먼저 김칫국부터 마시지 말고 떡을 얻을 수 있는 행동을 보이는 것이 옳겠지?

2장 아니, 이런 깊은 뜻이? 생활에서 나온 속담

- 되로 주고 말로 받는다
- 돌다리도 두들겨 보고 건너라
- 낫 놓고 기역 자도 모른다
- 등잔 밑이 어둡다
- 소 잃고 외양간 고친다
- 아니 땐 굴뚝에 연기 날까

되로 주고 말로 받는다

뜻풀이

남을 살짝 건드렸다가 도리어 크게 당한다. 또는 조금 주고 그 대가로 몇 배나 더 받는다는 뜻.

속담 들여다보기

배가 되어 돌아오는 행운, 불행

옛날에는 시장에서 쌀이나 곡식을 팔 때 주로 되와 말이라고 부르는 나무 그릇에 담아 양을 쟀어.

되로 열 개의 쌀이 한 말이 되니까 한 말은 한 되의 열 배라는 셈이지. 그러니까 만약 내가 상대방에게 쌀을 한 되를 빌려 주었는데, 상대방이 열 배인 한 말로 갚아 준다면 얼마나 횡재하는 일이겠어? 아주 기분이 좋을 거야.

이렇게 내가 작은 일이나 물건을 주었는데 상대가 그보다 크고 많은 것을 돌려주었을 때 쓰는 속담이 '되로 주고 말로 받는다.'야. 내가 기울인 노력보다 큰 성과를 얻었을 때도 사용하곤 하지.

하지만 이 속담은 부정적인 경우에도 많이 사용돼.

내가 친구에게 백 원을 빌렸는데 그 친구가 천 원을 갚으라고 나오면 정말 기분이 나쁘겠지? 이런 좋지 않은 경우에 주로 쓰는 말이 '되로 주고 말로 받는다.'라는 속담이야.

'되로 주고 말로 받는다.'는 경우에 따라 좋은 속담이 되기도 하고 정반대의 의미를 갖기도 하는 신기한 속담이야. 좋은 일에 쓰일 때는 이보다 좋은 의미가 없는 속담이 되기도 하지만, 부정적인 일에 쓰이면 기분 나쁜 속담이 돼. 그러니까 이 속담을 사용하려면 상황에 맞게 잘 사용해야 될 거야.

상대방에게 좋은 뜻으로 한 말이나 행동이 나에게 더 많은 기쁨으로 돌아오는 경우는 되로 주고 말로 받는 행복이 될 수 있겠고, 상대방을 향한 나쁜 말이나 행동이 나에게 더 큰 화로 돌아오는 경우는 되로 주고 말로 받는 불행이 되겠지.

우린 이런 속담을 쓰되 좋은 뜻으로 쓰는 일만 생기도록 항상 따뜻한 마음을 가지고 주위 사람들을 대하도록 하자.

뜻이 통하는 속담

되로 주고 말로 받는다. = 새우 미끼로 잉어를 낚는다.
= 가는 방망이 오는 홍두깨

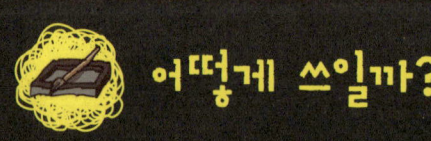

- 나는 친구에게 연필 한 자루를 빌려 준 것뿐인데 친구가 고맙다며 새 필통을 선물했다. **되로 주고 말로 받은 셈**이다.

속담으로 **글쓰기** | 체험문

되로 주고 말로 받는 감동

저는 어머니와 한 달에 한 번 양로원에 봉사를 갑니다. 요즘은 고령화 시대라고 해서 나이 많은 노인들은 늘어 가고 노인들을 돌봐 줄 젊은 사람들은 줄어들어 이러한 요양 시설에 모여 생활하시는 분들이 아주 많다고 합니다.

저는 할머니, 할아버지가 안 계셔서 늘 속상했는데 이런 제 마음을 아셨는지 엄마께서 양로원 봉사에 저를 데려가 주신 겁니다. 처음에는 낯설고 어색해서 구석에서 쭈뼛대다가 왔지만 두세 번 갈수록 할아버지, 할머니들과 친해져서 식사하시는 것도 도와 드리고 함께 산책도 하고 노래도 불러 드렸습니다.

그곳에는 저만 보면 노래를 불러 달라고 하시는 할머님이 계시는데 처음엔 창피해서 싫었지만 제 노래에 기쁨의 눈물까지 보이시는 모습에 저도 함께 울었습니다. 이런 감동이 바로 '되로 주고 말로 받는' 감동이겠지요?

세상에 대단한 봉사를 하는 사람은 많습니다. 그 분들에 비하면 저의 봉사는 작고 보잘 것 없는 일이지만 전 저를 아껴 주시고 제 노래를 듣고 싶어 하시는 할아버지, 할머니들을 위해 다음 달에도 또 찾아 뵐 예정이랍니다.

📄 이럴 땐 이런 속담

위 글은 봉사 활동을 가게 된 계기와 가서 느낀 감동과 보람을 잘 나타내고 있어. 엄마를 따라 우연히 갔던 봉사 활동에서 다른 사람에게 도움을 주게 된 친구가 오히려 더 큰 감동과 봉사의 기쁨을 알게 되었어. 이 친구가 '되로 주고 말로 받는다.'라는 속담을 써서 얼마나 큰 감동을 받았는지 잘 알 수 있겠지?

돌다리도 두들겨 보고 건너라

뜻풀이

잘 아는 일이라도 세심하게 주의를 하라는 뜻.

속담 들여다보기

신중하게 더 깊이 생각하기

돌다리도 두들겨 보고 건너라? 돌로 만든 다리를 왜 두들겨 보고 건너라는 말일까?

나무도 흙도 아닌 단단한 돌로 만든 다리가 무너지기라도 할까 봐 이런 속담이 생긴 걸까? 튼튼한 돌다리는 태풍이나 홍수가 나도 웬만해서는 무너지지 않는다는 사실은 누구나 다 알거야. 고궁이나 유적지의 돌다리들은 수백 년, 수천 년을 이어져 온 것들이 많아. 정말 옛날 사람들은 그 돌다리를 건널 때마다 무너지지는 않을까 불안해서 톡톡 두들겨 보고 건넜을까? 다리 앞에서 길게 줄을 늘어서서 건널 때마다 차례대로 돌다리를 두들겨 보고 한 명씩 건넜다면 얼마나 답답하고 우스꽝스러운 모습이었겠니.

이 속담은 튼튼한 돌다리도 두들겨 보고 건널 만큼 모든 일에 주의를 기울이라는 뜻이야. 혹시 잘 알거나 익숙한 일이라고 대충 넘기려고 하다가 실수를 한 적은 없니? 내가 아는 길이니까 또는 내가 아는 문제니까 너무 쉽게 생각하고 가볍게 여겨서 망치는 일이 생길 수 있으니 자만하지 말고 신중하게 생각하라는 교훈이 담긴 속담이란다.

이 속담이 어울리는 동화를 우린 잘 알고 있지. 바로 《토끼와 거북이》야.

느림보 거북이와 경주를 하게 된 토끼는 당연히 경주에서 자기가 이길 것을 알고 있어. 그래서 경주 중 낮잠을 한숨 자고 일어나서 뛰어도 충분히 느림보 거북이를 이길 수 있다고 생각하지. 그러다 어떻게 되니? 열심히 꾸준하게 경주에 임한 거북이에게 지는 일이 생기지?

바로 이야기 속의 토끼는 돌다리도 두들겨 보고 건넜어야 했어. 토끼의 자만심과 경솔함이 느림보 거북이에게 지는 결과를 가져온 것이지.

이제 속담의 뜻을 알겠니?

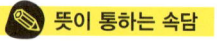 뜻이 통하는 속담

돌다리도 두들겨 보고 건너라. = 아는 길도 물어가라.
= 식은 죽도 불어 가며 먹어라.

 어떻게 쓰일까?

- 돌다리도 두들겨 보고 건너라 고 했는데 답안지를 밀려 쓴 것을 미처 몰랐다.
- 돌다리도 두들겨 보고 건너라 고 한 번 더 생각해 보고 결정해도 늦지 않아.

속담으로 **글쓰기** | 생활문

소심한 성격과 신중한 성격

오늘 반 모둠 친구들과 함께 주제를 정해 짧은 즉흥극을 만드는 수업이 있었다. 우리 모둠이 오랜 시간 회의 끝에 정한 주제는 '사랑'.

친구들은 부모님의 사랑을 짧은 극으로 만들기 위해 여러 가지 의견을 내고 있었다. 모두 자기가 겪었던 가장 감동적인 부모님의 사랑에 대해 이야기를 하고 의견을 냈지만 나는 다른 친구들처럼 선뜻 의견을 내지 못했다.

친구들은 나를 답답하게 생각하는 모양이었다. 나는 내 의견이 친구들에게 받아들여지지 않을까 하는 소심한 걱정을 한 게 아닌데 우리 모둠 친구들에게는 내가 그렇게 보였나보다.

사실 나는 우리 모둠에 한 친구가 부모님이 안 계신 것을 알고 있었다. 그래서 그 친구 앞에서 어떤 의견도 낼 수 없었다. 우리가 즉흥극을 잘하면 잘할수록 그 친구에게는 보고 싶은 부모님의 상처를 꺼내는 것이 될 수도 있다고 생각했다. 다른 친구들은 <u>돌다리도 먼저 두들겨 보고 건너는</u> 내 성격에 대해서 소심하다 생각하겠지만 나는 소심한 것이 아니다. 신중한 것뿐이다.

📄 이럴 땐 이런 속담

주인공은 모둠 수업 시간에 자신의 의도와는 달리 친구들에게 소심하다는 오해를 받았어. 하지만 자신이 친구들에게 비쳐진 것처럼 소심한 성격이 아니라 매사에 신중한 성격이라는 것을 강조하기 위해 '돌다리도 두들겨 보고 건너라.'라는 속담을 이용했어. 이 속담은 신중함을 강조하는 글에 쓰면 글에 감칠맛을 더해 줄 수 있단다.

낫 놓고 기역 자도 모른다

뜻풀이

낫을 눈앞에 놓고 비슷하게 생긴 기역 자도 모른다는 말로
아주 무식하다는 뜻.

속담 들여다보기

무식하면 용감해? 무식하면 불편해

혹시 낫을 본 적 있니? 풀을 벨 때 쓰는 기역 자 모양의 도구인데 요즘은 잘 쓸 일이 없어서 아직 못 본 친구들도 많을 거야. 아마 조상님 산소에서 벌초할 때 어른들이 쓰시는 것을 본 친구들도 있을 테고.

옛날에는 너희 같은 어린이들이 낫을 가지고 풀을 베어서 소에게 먹이며 목동 역할을 하기도 했고, 낫의 쓰임새가 많아서 집집마다 아주 흔하게 볼 수 있는 농기구였어. 이 낫의 생김새가 긴 날이 구부러져 있는 것이 꼭 기역 자 같거든. 도시에서 살고 있던 한 아이가 할아버지를 뵈러 부모님과 같이 시골에 놀러 갔지.

할아버지는 아이에게 심부름을 시킨 거야. "얘야 저기 창고에 가면 낫 옆에 소 먹일 풀 좀 가져오너라."

아이는 알겠다고 대답하고는 다시 돌아서 물었어.

"할아버지 낫이 뭐예요?"

할아버지는 낫을 모르는 아이에게 설명했지.

"이 녀석아, 왜 날이 구부러져서 기역 자 같이 생긴 것 있잖아."

이 정도로 설명하면 알 수 있을 것이라고 할아버지는 생각한 거야. 고개를 끄덕이던 아이가 돌아서 다시 물었어.

"할아버지. 기역 자는 어떻게 생긴 건데요?"

바로 이 아이는 낫도 모르고 기역 자도 모르는 아이였던 거야. 낫과 기역 자는 비슷하게 생겼지. 그래서 사람들은 낫을 앞에다 놓고도 모양새가 닮은 기역 자를 모른다면 무식하다고 생각했나 봐.

한글은 세종 대왕이 당시 어려운 한자를 모르는 백성들을 위해 만든 글자였기 때문에 무척 쉽고 누구나 배우기 쉽게 만들려고 노력했어. 하지만 낫처럼 생긴 기역 자조차도 모르는 사람들이 많았다고 해. 그래서 한글도 모르는 무식한 사람들을 이를 때 사람들이 '낫 놓고 기역 자도 모른다.'고 비꼬기 시작했던 거야.

우리 친구들은 열심히 공부해서 낫 놓고 기역 자도 모르는 사람이 아니라 하나를 배우면 열을 아는 총명한 어린이가 되도록 하자.

뜻이 통하는 속담

낫 놓고 기역 자도 모른다. = 가갸 뒷 자도 모른다.
= 무식한 귀신은 부적도 몰라본다.

어떻게 쓰일까?

- **낫 놓고 기역 자도 모른다**고 너는 어떻게 이렇게 쉬운 문제를 모를 수가 있지?

- **낫 놓고 기역 자도 모를** 만큼 무식했지만 열심히 독학을 해서 대학에 입학했다.

42

속담으로 **글쓰기** | 견학문

농업 박물관을 찾아가다

지난 주말, 부모님은 저에게 농업 박물관을 가자고 하셨습니다.

부모님과 달리 서울에서 태어난 저에게 농업의 풍경은 익숙하지 않아 내키지 않았습니다. 하지만 농업 박물관은 논과 밭이 있는 시골에 있을 것이라는 제 예상과는 달리 서울 시내 한가운데인 정동에 위치해 있었습니다.

그곳에서 농사에 필요한 도구들과 옛날 사람들이 쓰던 생활 도구들을 구경할 수 있었습니다. 점차 농사가 기계화되어 이젠 찾아볼 수 없는 신기한 농기구들도 많았습니다. 돌로 만든 도끼부터 잘 다듬어지지 않은 투박한 쇠로 만든 농기구들, 그리고 우리가 알만한 낫, 곡괭이 등도 살펴보았습니다.

저는 더 어렸을 때 쌀이 라면처럼 공장에서 만들어지는 것이라고 생각한 적도 있었는데, 그땐 정말 <u>낫 놓고 기역 자도 모를</u> 만큼 무식했습니다.

또한 벼가 식탁 위의 밥이 되기까지 얼마나 많은 과정을 거치는지 알게 되었습니다. 옛날 농기구들로 농사를 짓던 농민들이 얼마나 힘이 들었을까라는 생각과 한 톨의 쌀도 아껴야 하겠다는 값진 생각을 하고 돌아왔습니다.

📖 이럴 땐 이런 속담

글 쓴 주인공은 농업 박물관에서 처음 보는 농기구들과 농사에 대한 여러 가지를 체험하고는 그동안 자신이 농업에 대해 얼마나 몰랐는지 깨달았대. 낫 놓고 기역 자도 모를 만큼 아는 것이 없었다고 표현하니 딱딱한 체험문도 재미있는 글이 되었지? 이 속담은 지식이 없고 어리석은 사람을 말할 때 사용할 수 있는 속담이야.

등잔 밑이 어둡다

뜻풀이

가까운 곳에서 생긴 일을 오히려 먼 곳 일보다 더 모른다는 뜻.

속담 들여다보기

때론 코앞도 못 보는 게 사람

　　옛날 어느 마을에 얼굴은 춘향이보다 예쁘고, 마음씨는 심청이보다도 더 고운 그런 아가씨가 살았어. 근데 집안이 몹시 가난하여 아가씨 혼자 바느질을 해서 늙은 부모님과 어린 동생들을 먹여 살려야만 했어.

　성격이 워낙 꼼꼼하고 어릴 적부터 바늘과 실을 장난감처럼 가지고 놀던 탓에 바느질이라면 눈 감고도 할 만큼 훌륭한 솜씨를 가진 아가씨였지.

　이 착하고 예쁜 아가씨의 손길만 스치면 무엇이든 뚝딱하고 만들어졌어. 바늘과 실을 가지고 부잣집 마님들의 비단옷도 짓고, 귀여운 아기들의 배냇저고리도 잘 지어서 아가씨에게 옷을 맡기려는 사람들이 많았어.

하지만 이 아가씨가 바느질한 삯으로 늙은 부모님과 다섯 명이나 되는 동생들을 먹여 살리려니 항상 가난을 면치 못했고 새 바늘조차 살 여유가 없었지.

닳아서 뭉툭해진 바늘을 숫돌에 갈아서 쓰고 또 쓰는 형편이었어. 그런데 어느 날 동생들이 아가씨의 바늘을 가지고 놀다가 그만 잃어버린 거야. 아무리 찾아도 바늘이 없자 일이 밀린 아가씨는 그만 울음을 터트렸어.

"어떻게 해. 바늘이 없으면 옷을 못 만들고, 돈을 못 벌면 부모님과 동생들이 굶을 텐데……."

아가씨의 걱정스러운 한숨에 방에 켜 둔 등잔불이 훅~ 하고 꺼졌어.

어디 갔지?

방이 캄캄해지자 아가씨는 등잔불을 켜려고 부싯돌을 찾아 불을 붙였지.

어머, 그런데 웬일인지 그렇게 찾던 바늘이 바로 코앞에 놓여 있었던 거야. 밝은 등잔불 밑으로 바늘이 굴러 들어가서 그림자 때문에 바늘이 보이지 않았던 것이지. 그래서 온 집 안을 여기저기 찾던 식구들이 기뻐서 덩실덩실 춤을 추었단다.

이렇게 아주 가까운 곳에서 일어난 일을 알지 못하거나 코앞에 물건을 두고 찾지 못할 때 쓰는 속담이 '등잔 밑이 어둡다.'란다.

뜻이 통하는 사자성어

등잔 밑이 어둡다. = 등하불명 : 燈(등잔 등) 下(아래 하) 不(아니 불) 明(밝을 명)
등잔 밑이 어둡다는 뜻으로, 가까이에 있는 물건이나 사람을 잘 찾지 못함을 이르는 말.

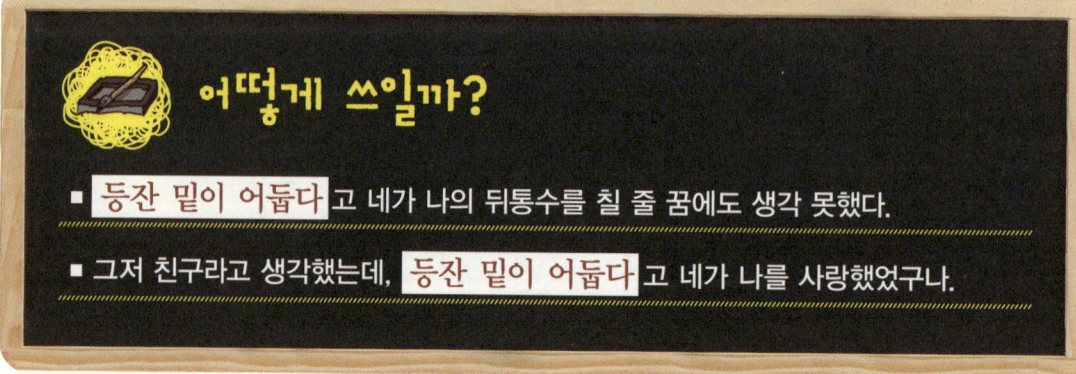

어떻게 쓰일까?

- **등잔 밑이 어둡다**고 네가 나의 뒤통수를 칠 줄 꿈에도 생각 못했다.
- 그저 친구라고 생각했는데, **등잔 밑이 어둡다**고 네가 나를 사랑했었구나.

속담으로 글쓰기 | 통일 글짓기

도라 전망대, 제 3땅굴을 다녀와서

지난 주말 함경도가 고향이신 할아버지와 둘이 도라 전망대와 제 3땅굴을 다녀왔다. 마음이 적적하시고 고향이 그리워지실 때면 할아버지는 나를 데리고 임진각으로 드라이브를 가시곤 하셨지만 도라 전망대는 처음이었다.

전망대에서 망원경으로 북한 땅을 보았는데 개성 공단과 개성시 변두리의 모습이 선명하게 보이며, 사람이 살고 있는 듯한 마을도 보였다. 나는 멀게만 느껴지던 북한이 이렇게 가까이 보이는 것이 마냥 신기해서 감탄사를 연발했지만 할아버지는 두고 온 고향이 생각나시는지 눈가가 어느새 촉촉해지셨다.

전망대 옆에는 제 3땅굴이 있었는데 1978년 발견된 이 땅굴은 길이 1,635미터, 높이 2미터, 폭 2미터로 1시간당 3만 명의 병력이 이동 가능한 규모라고 한다. '등잔 밑이 어둡다.'고 북한군이 이렇게 거대한 땅굴을 파기까지 어떻게 모르고 있었을까 이해가 되지 않을 정도의 엄청난 규모였다.

어서 빨리 평화 통일의 그날이 와서 우리 할아버지 같은 실향민들도 고향을 찾고 이런 땅굴도 더 이상 생겨나지 않으면 좋겠다.

이럴 땐 이런 속담

제 3땅굴에 대한 놀라움을 '등잔 밑이 어둡다.'는 속담으로 표현했어. 땅 밑에서 그렇게 큰 땅굴을 파는데도 땅 위에서 생활하는 우리나라 사람들이 몰랐다는 사실을 적절하게 표현한 속담이라고 할 수 있겠지. 이 경우처럼 다들 아는데 정작 가장 가까운 내가 모르는 사실이나 나만 못 본 것들을 표현할 때 주로 이 속담을 쓰곤 해.

소 잃고 외양간 고친다

뜻풀이

이미 일이 잘못된 뒤에는 손을 쓸 수 없음을 비꼬아 하는 말.

속담 들여다보기

뒤늦게 후회해도 소용없어!

옛날 어느 시골 마을에 유난히 게으른 남자가 살았어. 이 남자는 해가 머리 꼭대기에 떠야 겨우 배가 고파져서 슬금슬금 일어나는 사람으로, 마을 사람들의 손가락질을 받는 유명한 게으름뱅이였지.

게으름뱅이의 집에는 다섯 마리의 소가 있었는데 그 소들은 주인이 일어나서 먹이를 줄 때까지 굶어야 하니까 만날 굶주림에 허덕였어.

이 날도 남들은 밭일을 마치고 돌아와야 할 늦은 시간인데도 소들의 게으름뱅이 주인은 한밤중처럼 잠을 자고 있었지 뭐야. 소들은 회의를 했어.

"얘들아, 여기 모여 봐. 우리가 이 집에서 계속 살다가는 모두 굶어 죽을

게 뻔해. 하루 빨리 우리 이 집을 탈출하자."

소들은 모두 찬성했고 외양간 문의 여기저기를 뿔로 쿵쿵 들이받았어.

소들이 외양간의 여기저기를 들이받을 때마다 외양간은 부서지고 파이고 망가지기 시작했지. 결국 가장 힘이 센 소가 문을 들이받자 그만 빗장이 떨어져 문이 열린 거야.

그때 마침, 이 소리에 잠이 깬 게으름뱅이가 어슬렁어슬렁 걸어 나와 떨어져 나간 빗장을 봤지만 도저히 귀찮아서 고칠 엄두가 나지 않았어.

"아이, 귀찮아. 이건 왜 또 망가진 거야? 빗장을 내일 고친다고 뭐 별일이야 있겠어? 오늘은 너무 귀찮으니 내일 고쳐야지." 게으름뱅이는 이렇게 또다시 들어가 잠을 잤고, 열린 문으로 소들은 모두 탈출해 도망가 버렸어.

다음 날 아침, 실컷 자고 일어난 게으름뱅이는 외양간이 부서지고 소들이 전부 도망친 것을 알고 난 후에야 땅을 치며 후회를 했어. 게으름뱅이는 자신의 게으름을 한탄하며 외양간 문을 고치기 시작했대.

어때? 소가 모두 도망 간 다음에 후회하고 외양간을 고친들 도망간 소가 다시 돌아오겠니? 참 어리석지?

뜻이 통하는 속담

소 잃고 외양간 고친다. = 도둑맞고 사립문 고친다.

어떻게 쓰일까?

- 부모님 돌아가신 뒤에 후회해 봤자 무슨 소용이야. 소 잃고 외양간 고치는 격이지.
- 창고 좀 고치렴. 소 잃고 외양간 고친다 고 나중에 후회하기 싫으면 말이야.

속담으로 **글쓰기** | 독서 감상문

어리석은 청개구리

누구나 알고 있는 《청개구리 이야기》를 다시 한 번 읽게 되었다. 청개구리는 늘 엄마가 하시는 말씀에 바보같이 반대로만 행동했다. 산으로 가라면 물가에 가서 수영을 하고, 밥을 먹으라고 하면 잠을 자고. 나도 엄마 말씀을 아주 잘 듣는 어린이는 아니지만 내가 보기에도 청개구리는 좀 너무 했다고 생각한다.

결국 청개구리 때문에 화병을 얻은 엄마가 죽게 되자 뒤늦게 정신을 차린 청개구리는 엄마의 유언만은 지키고자 엄마의 뜻대로 무덤을 냇가에다가 마련한다. 그러고는 비가 올 때마다 엄마의 무덤이 떠내려갈까 봐 냇가에 앉아 개굴개굴 울어 댄다. 소 잃고 외양간 고치는 참 어리석은 청개구리다.

청개구리의 엄마는 반대로 행동하는 청개구리에게 무덤을 냇가에다 만들라고 하면 반대로 산에다 만들 줄 알고 그렇게 말한 것인데 말이다.

이 동화는 아주 어릴 적에 엄마가 읽어 주신 기억이 난다. 그땐 잘 몰랐지만 이젠 이 동화의 숨은 뜻을 알겠다. 나도 어리석은 청개구리가 되지 않기 위해서는 부모님 말씀을 잘 듣는 착한 어린이가 되어야겠다.

이럴 땐 이런 속담

엄마의 말을 안 듣던 청개구리가 뒤늦게 후회를 하지만 이미 엄마는 돌아가신 뒤고 엄마의 뜻과는 반대로 냇가에 무덤을 만들고는 떠내려갈까 슬피 우는 모습이 얼마나 어리석은 일인가를 '소 잃고 외양간 고친다.'라는 속담이 잘 말해 주고 있어. 부질없는 짓, 후회가 되는 일을 이야기할 때 사용해 주면 적합한 속담이야.

아니 땐 굴뚝에 연기 날까

뜻풀이

모든 결과에는 반드시 원인이 있다는 뜻.

속담 들여다보기

원인 없는 결과는 없는 법이야!

요즘 굴뚝을 어디서 볼 수 있을까? 나는 굴뚝하면 노을이 지는 시골 마을의 저녁, 집집마다 저녁 짓는 연기가 모락모락 피어나는 정겨운 모습의 굴뚝이 떠오르지만 우리 어린이 친구들은 그런 모습을 본 적이 없을 것 같아.

많은 것들이 도시화되고 현대화되면서 귀찮고 불편한 굴뚝은 아마 쓰임이 많이 적어져서 그럴 거야.

그럼 이건 어때? 눈 내리는 크리스마스이브, 선물 꾸러미를 가득 챙겨 든 뚱뚱보 산타 할아버지가 잠자고 있는 어린이들에게 선물을 나눠 주려고 들어가는 굴뚝.

좁은 굴뚝을 내려오는 뚱뚱한 산타 할아버지가 중간에 배가 걸려서 난감해 하거나 굴뚝에 묻은 그을음 때문에 까맣게 된 얼굴을 만화에서 많이 보았지? 굴뚝의 용도를 약간 우스꽝스럽게 그리고 있는데 아마 이런 굴뚝이 너희들에게는 좀 더 친근할 수 있겠다.

굴뚝은 집 안에 불을 피워서 그 연기를 밖으로 나가게 만든 긴 통로야. 자세히 보면 아파트에도 집집마다 굴뚝이 있어.

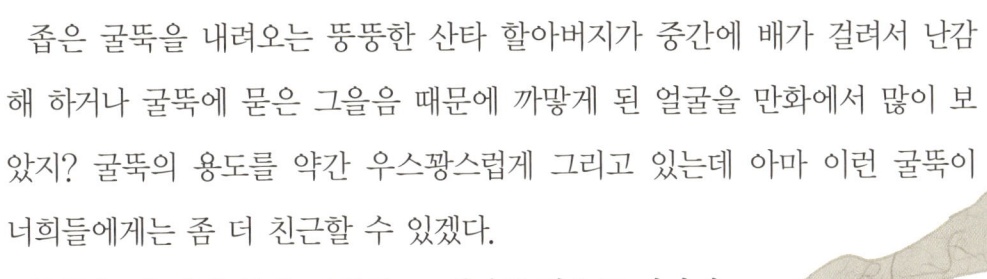

저래도 우리 장작을 안 훔쳐 갔다고?

절대로!

오리발!

겨울에 보일러를 돌리면 그 작은 굴뚝에서 연기가 나는 모습을 볼 수 있을 거야. 그럼 굴뚝에서 연기가 나려면 어떻게 해야 할까? 바로 집 안에서 불을 피워야 하겠지?

우리 조상들은 굴뚝으로 피어오르는 연기를 보면서도 이런 속담을 지어낼 만큼 재치가 참 많은 것 같아.

말 그대로 집 안에서 불을 때지 않았는데 굴뚝으로 연기가 나오는 일은 없지 않겠어? 집 안에서 불을 피워야만 굴뚝에 연기가 나오듯이 어떤 결과에는 반드시 이유가 있다는 것을 비유할 때 쓰는 말이야.

이 속담은 주로 떠도는 소문에 많이 빗대어 사용하는데 요즘 신문 기사를 보면 연예인들의 열애설을 이야기할 때 많이 사용하더라고.

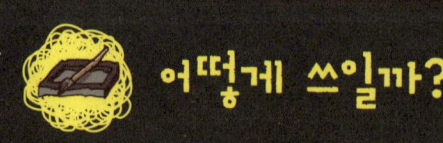

아니 땐 굴뚝에 연기 날까. = 아니 때린 장구 소리 날까.

어떻게 쓰일까?

- **아니 땐 굴뚝에 연기나지 않는 법**이라고 매일 놀기만 하니까 성적이 이 모양이지!
- 배우 A양이랑 가수 B군이 사귄다는 기사 났잖아. **아니 땐 굴뚝에 연기 나겠어?**

속담으로 글쓰기 | 기사문

정치권은 '아니 땐 굴뚝에 연기 나는 곳'이더라

무소속 안철수 대선 후보가 17일 세종대에서 열린 초청 강연회장에서 논문 표절 논란 등 자신을 향한 의혹 제기에 불편한 심경을 드러냈다.

안 후보는 "각종 음해와 난관을 어떻게 극복하려 하느냐?"는 질문에 "정치권에서는 원래 5퍼센트 사실에 95퍼센트 거짓을 섞는다고 하는데 어떤 때는 0퍼센트 진실에 100퍼센트 거짓을 섞기도 해서 <u>아니 땐 굴뚝에 연기 나는 곳</u>이 정치권이구나 생각했다."고 말했다. 또한 "힘을 얻은 때가 바로 논문 표절 의혹 때였다."며 "우리나라에서만 수십만 명이 논문을 써 봤을 텐데 국민들이 워낙 판단력이 좋아 안 믿는다. 그게 큰 힘이 된다."고 말했다.

안 후보는 "정치를 결심했던 이유가 바로 국민들의 지지였다."며 "지금도 정당이 아닌 국민을 믿는다."고 말해 청중들의 박수를 받았다.

이날 안 후보는 강력한 저항을 예상했고 엄청난 장애물이 있지만 끝까지 할 수 있는 한 개혁을 이루겠다며, 정치적으로 빚진 적이 없으므로 명분 없는 타협은 안 하겠다는 각오를 밝혔다.

📑 이럴 땐 이런 속담

이 기사에서 안철수 전 대선 후보자는 정치권에서 상대 후보를 음해하려는 세력들이 만들어 낸 거짓 소문이 얼마나 황당하고 어이없었는가에 대해 속담을 거꾸로 인용하면서 재치있게 표현하고 있어. 이렇게 속담 중에는 거꾸로 쓰면 강한 부정의 뜻이 되는 속담도 있단다.

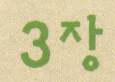

입조심 말조심!
친구 사이에도 지킬 것은 지키자

- 말 한마디에 천 냥 빚을 갚는다
- 가는 말이 고와야 오는 말도 곱다
- 낮말은 새가 듣고 밤말은 쥐가 듣는다
- 발 없는 말이 천 리 간다
- 백지장도 맞들면 낫다
- 사공이 많으면 배가 산으로 간다
- 똥 묻은 개가 겨 묻은 개 나무란다

말 한마디에 천 냥 빚을 갚는다

뜻풀이

말만 잘하면 어려운 일이나 불가능해 보이는 일도 해결할 수 있다는 뜻.

속담 들여다보기

천 냥 빚도 갚는 말의 위대함

사람의 말 한마디로 천 냥이라는 돈을 정말 갚을 수 있었던 시대가 있었을까?

천 냥이라는 돈이 대체 얼마나 큰 액수기에 속담에도 나왔을까? 지금의 천 원 정도 아니겠냐고? 설마 천 원 정도가 속담에 나왔으려고.

일반 사람들이 시장에 가서 물건을 거래할 때 쓰던 단위가 한 냥, 두 냥 이런 단위였다고 생각하면 천 냥은 많은 돈을 상징하는 단어였다고 볼 수 있어.

그러니 천 냥이라는 돈을 빌려서 갚으려면 쉽지 않은 일이었지.

천 냥을 빌려 빚을 지고도 말로서 빚을 갚는다는 이 말은 말을 잘해서 빚을 대신 갚으라는 뜻이 아니라 바른말, 고운말을 쓰면 큰 빚도 갚듯이 불가능한 일이 가능해진다는 뜻이야.

 가령 어떤 사람이 빚이 있어서 심한 빚 독촉을 받고 있었어. "아! 줄게요. 그 까짓 것 주면 되잖아요!" 하는 것과 그와 정반대로 "죄송합니다. 빨리 해 드려야 하는데 제 사정이 요즘 좋지 않네요. 어떻게라도 최선을 다해 빨리 갚아 드리겠습니다. 조금만 참아 주셔요."라는 말을 한다면 결과는 어떨까?

 두 사람 다 약속한 돈을 갚지 못하고 있다는 점에서는 잘못하고 있지만 행동은 서로 정반대로 하고 있는 걸 알 수 있을 거야. 행동도 다르기 때문에 돈을 빌려 준 사람의 반응도 두 경우가 다르게 나타나겠지?

아마 처음 사람처럼 말한다면 상대방이 기분이 무척 상해서 빚을 당장 갚으라고 할 테고, 두 번째 사람처럼 말하면 자신이 조금 급하더라도 상대방 마음에 감복해서 시간을 조금 더 줄지도 몰라. 그만큼 우리 입에서 나오는 말이 얼마나 큰 역할을 할 수 있는지 말해 주는 속담이지.

이렇듯 우리 조상들은 말에 대한 속담을 많이 만들어서 썼어. 예의를 중요하게 여기는 풍습이 있었기 때문에 그만큼 말에 대한 가치를 크게 생각하는 민족이었지.

그런데 요즘은 어린이들도 좋지 않은 비속어나 은어를 많이 쓰기도 해. 이렇게 불가능한 일도 가능하게 만드는 힘을 가진 위대한 말을 아무렇게나 쓰면 안 되겠지? 바른말, 고운말을 사용하는 어린이가 되길 바라.

뜻이 통하는 속담

말 한마디에 천 냥 빚을 갚는다. = 천 냥 빚도 말로 갚는다.

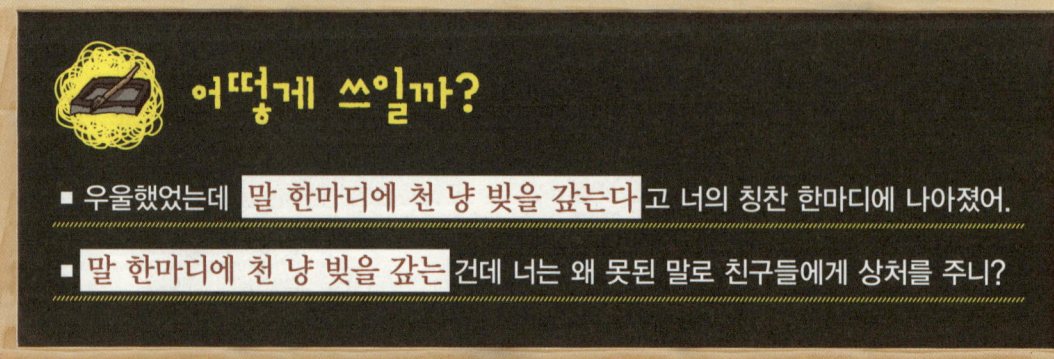

어떻게 쓰일까?

- 우울했었는데 **말 한마디에 천 냥 빚을 갚는다**고 너의 칭찬 한마디에 나아졌어.
- **말 한마디에 천 냥 빚을 갚는**건데 너는 왜 못된 말로 친구들에게 상처를 주니?

속담으로 **글쓰기** | 논설문

바른말을 쓰자

광고 하나를 보았습니다. 광고 속 학생들은 열심히 친구들과 이야기를 나누고 있었는데 "욕설이나 은어를 쓰지 말고 말해 보세요."라는 주문을 받자 아무도 말을 못하고 "어서 말을 해~"라는 노래가 나오는 광고입니다.

얼마나 많은 사람들이 고운말을 쓰지 않기에 이런 광고를 만들었을까요? 학생들은 친구들과 장난으로 유행어를 따라 하기도 하고 의미 없는 말들이나 은어를 쓰기도 합니다. 심지어 이런 말을 더 많이 써야 친구들 사이에서 강해 보인다고 생각해 너도 나도 경쟁하듯이 쓰는 경우도 있습니다.

하지만 그런 나쁜 말을 쓰는 행동은 버릇이 되기도 쉽습니다. 분명 어른이 되어서도 그 버릇을 고치기 힘들어질 것입니다.

좋은 말도 여러 번 들으면 싫증난다는데 좋지 않은 말을 계속해서 듣는 일이 생긴다면 이처럼 마음을 다치는 일이 또 있을까요? 우수한 우리말을 두고 좋지 않은 외계어나 은어, 속어를 써야만 할까요? <u>말 한마디로 천 냥 빚을 갚듯이</u> 말의 중요함을 깨닫고 우리 모두가 바른말, 고운말을 써야 할 것입니다.

📄 이럴 땐 이런 속담

글 쓴 친구는 다른 사람의 인생을 바꿀 수도 있는 말의 위대함을 이야기하기 위해서 말 한마디로 천 냥 빚을 갚는다는 속담을 마무리로 사용함으로써 바른말이 얼마나 위대하고 소중한 것인지를 잘 나타내고 있어. 이처럼 이 속담은 바른말, 고운말의 중요함을 이야기 하는 글에서 적절하게 인용해서 글쓰기를 하면 좋단다.

가는 말이 고와야 오는 말도 곱다

 뜻풀이

자기가 남에게 말이나 행동을 좋게 하여야 남도 자기에게 좋게 한다는 뜻.

속담 들여다보기

친절한 나에게 누가 돌을 던지겠어

 이 속담은 글자 그대로 가는 말이 고와야지 돌아오는 말도 곱다는 쉬운 뜻이야.

아침에 일어나서 잠이 덜 깬 상태로 엄마께 투정을 부리는 대신 새벽부터 따뜻한 아침밥을 준비하기 위해 수고하신 엄마께 "아침밥 차려 주셔서 감사합니다. 맛있게 먹고 공부 열심히 할게요."라고 말해 보면 어떨까?

"아침부터 바보 같은 소리 하지 말고 늦었는데 빨리 먹고 학교나 가!"라고 짜증내며 대답하시는 엄마는 세상에 없을 거야. 환하게 웃으시며 "많이 먹고 건강해."라고 좋은 말을 해 주시겠지. 또 감동을 받으셔서 용돈도 올려 주시지 않을까?

이렇게 상대방에게 좋은 말을 듣고 화를 내는 사람은 없어.

반대로 이 속담은 상대방에게 좋은 말을 듣고 싶으면 내가 먼저 좋은 말을 해야 한다는 뜻이기도 해.

말의 중요성을 나타내는 재미있는 이야기가 있지. 우리에게 재미있는 이야기를 많이 남겨 준 이솝이 원래 크산토스라는 사람의 하인으로 있을 때의 일이야.

"중요한 손님이 올 예정이니 최고급 요리를 준비해라." 크산토스는 이솝에게 명령했어. 이솝은 정성껏 준비한 '코스 요리'를 내놓았는데 모두 짐승의 혀로 만든 요리였다. 삶은 혀, 볶은 혀, 찐 혀, 구운 혀……. 주인 크산토스는 화가 나서 최고급 요리를 준비하라고 했는데, 혀 요리가 뭐냐고 하자 이솝이 태연하게 말했어.

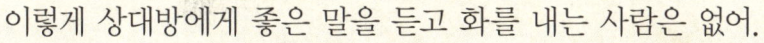

"최고급 요리 재료로 혀보다 더 좋은 것은 없습니다. 혀 때문에 인간의 문명이 생겼습니다. 혀는 인간을 교육시키고 설득합니다. 혀는 신을 찬양할 수도 있습니다."

크산토스는 말문이 막혀서 다시 지시했어. "내일도 중요한 손님이 온다. 그렇다면, 이번에는 가장 나쁜 요리를 준비해라."

주인은 이솝이 또 혀 요리를 준비할 것 같아서 아예 가장 나쁜 요리를 만들라고 지시한 거야. 하지만 이솝이 내놓은 요리는 똑같았어. 삶은 혀, 볶은 혀, 찐 혀, 구운 혀……. 주인은 화가 났지만 이솝은 역시 태연했어.

"혀보다 나쁜 것은 없습니다. 혀는 신을 모독할 수 있습니다. 불화나 싸움, 중상의 수단이 될 수도 있습니다. 혀는 전쟁을 일으키고, 나라를 멸망시키기도 합니다. 혀는 세상에서 가장 나쁜 것입니다."

이솝의 이야기를 통해 혀, 즉 말이 얼마나 큰 힘을 가졌는지 생각해 보자.

뜻이 통하는 속담

가는 말이 고와야 오는 말도 곱다. = 눈에는 눈 이에는 이
= 죄는 지은 데로 가고 덕은 닦은 데로 간다.

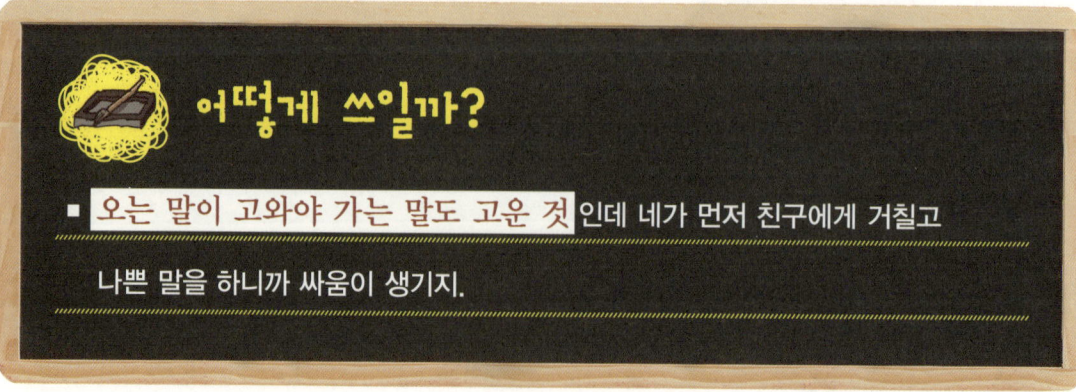

어떻게 쓰일까?

- **오는 말이 고와야 가는 말도 고운 것**인데 네가 먼저 친구에게 거칠고 나쁜 말을 하니까 싸움이 생기지.

속담으로 **글쓰기** | 편지문

고마운 내 짝 세호에게

세호야, 참 오랜만에 너에게 편지를 쓰는 것 같아.

그런데 좋지 않은 일로 편지를 쓰게 되어서 마음이 무겁구나. 너도 나처럼 마음이 불편했을 것 같아. 바로 어제 일 때문이야. 난 네가 편안한 친구라고 생각했기 때문에 별 생각 없이 너의 새로운 별명을 불렀는데 넌 기분 나빴는지 화를 내며 나에게 꽁치라고 소리쳤지. 난 당황해서 할 말이 없더라. 세호야 내가 꽁치 닮았니? 세호, 너의 별명 새우는 이름 때문에 생긴 것이지만 네가 지어 준 내 새 별명 꽁치는 얼떨결에 지어졌어.

마침 냉장고 안에 꽁치가 있기에 들여다보니 생각보다 날씬하고 눈도 초롱초롱한 것이 꽤 잘 생겼던데? 내가 꽁치처럼 잘 생겼다는말이지?

미안해. 세호야. '가는 말이고 와야 오는 말이 곱다.'는데, 내가 먼저 네가 싫어하는 별명을 불렀으니 꽁치라고 불려도 할 말이 없는 것 같아. 이젠 조심할게.

너와 나, 그런 작은 일로 다투면 창피한 일이잖아? 이 편지받고 다시 예전처럼 단짝 친구로 돌아와 줄 거지? 너의 답장을 기다릴게. - 친구 건영.

📖 이럴 땐 이런 속담

건영이는 짝에게 별명을 부른 것을 후회하면서 '가는 말이 고와야 오는 말도 곱다.'라는 속담을 이용해 뉘우치고 있어. 속담 한마디로 건영이의 뉘우침이 더 잘 느껴지는 것 같지 않니? 우리 친구들도 항상 남에게 바르고 고운 말, 친절한 말을 한다면 돌아오는 말도 기분 좋고 힘이 나는 말이라는 것을 잊지 말자.

낮말은 새가 듣고 밤말은 쥐가 듣는다

뜻풀이

아무도 안 듣는 곳에서라도 항상 말조심을 해야 한다는 뜻.

속담 들여다보기

자나 깨나 말조심

 '낮말은 새가 듣고 밤말은 쥐가 듣는다.'라는 속담을 많이 들어 봤지?

여기에는 과학적인 원리가 숨겨 있다고 해.

　사람이 하는 말의 파동, 즉 음파는 공기를 통과할 때 온도에 따라 다른 속도를 가진다고 해. 온도가 낮으면 공기 입자들의 속도가 느려서 음파의 전달 속도가 늦고, 반대로 온도가 높으면 공기 입자들의 속도가 빨라서 음파의 전달 속도는 빨라진대.

　낮에는 태양열을 받아 땅의 공기는 뜨거워지고 하늘의 공기는 차가워지니까 낮에 하는 말은 음파가 하늘 쪽으로 휘어서 새가 듣기 좋게 되는 것이고,

밤에는 반대로 땅이 온도가 낮고, 하늘이 상대적으로 따뜻해서 음파가 땅 쪽으로 휘어 쥐가 듣기 좋게 된다는 원리가 속담 속에 숨어 있는 거지.

낮과 밤에 활동하는 대표적인 동물로 쥐와 새를 빗대어 이야기한 것이지만 그만큼 낮에는 땅 위에서 하는 말들이 잘 들리고 밤에는 공중으로 퍼져나가는 말이 잘 들리니 낮과 밤 모두 말조심을 하라는 뜻이야.

그리고 보니 어른들이 종종 쓰는 말 중에 '오프 더 레코드'라는 말도 있어.

이 말은 기자들이 주로 쓰는 말이야. 기자들이 취재를 나갈 때, 녹음기를 가지고 상대방의 말을 녹음하거든. 근데 녹음하는 정보가 아주 비밀스러운 경우는 녹음기를 끄고, 그 자리에 있는 사람만 알기로 약속한단다. 그럴 때 '오프 더 레코드'라고 해. 간혹 이런 비밀스러운 이야기가 지켜지지 않을 때도 있지만 말이야. 이렇게 서로 비밀을 간직하기로 약속하고 말했는데, 약속을 지키지 않고 다른 누군가에게 말한다면 그 사이는 오래 가지 못할 거야.

너희도 친구들과 비밀 이야기를 자주 하지? 나의 비밀 또는 다른 친구의 비밀을 이야기하면서 '뭐 한 사람한테만 이야기하는데 어떻겠어?' 하는 생각으로 전한 비밀이 어느새 입에서 입으로 퍼져 누구나 다 아는 비밀이 된 적은 없니?

비밀은 지켜질 때 진정한 비밀이라고 할 수 있어. 자, 지금도 낮에는 새, 밤에는 쥐가 들을지 모르니 말조심. 쉿!

뜻이 통하는 속담

낮말은 새가 듣고 밤말은 쥐가 듣는다. = 담에도 귀가 달렸다.
= 발 없는 말이 천 리 간다.

어떻게 쓰일까?

- 낮말은 새가 듣고 밤말은 쥐가 듣는대. 말 조심해. 나중에 후회할지 몰라.
- 나의 비밀을 알고 있었어? 정말 낮말은 새가 듣고 밤말은 쥐가 듣는구나.

속담으로 글쓰기 | 반성문

5학년 4반 12번 이보람

선생님 죄송합니다.

저의 경솔한 행동이 우리 반 친구들 사이에 큰 다툼을 불러 올 줄은 정말 몰랐습니다. 지금 저는 지난 일을 차근차근 되돌아보며 반성하고 있습니다.

며칠 전, 친구 김영은이 저에게 비밀이라면서 우리 반의 누군가를 좋아한다고 고백했습니다. 저는 영은이의 비밀을 지켜 주겠다고 약속했지요.

그런데 어제 영은이가 좋아하는 그 친구가 다른 아이를 좋아한다는 사실을 알고는 그만 실수로 영은이의 비밀 이야기를 폭로해 버렸습니다.

'낮말은 새가 듣고 밤말은 쥐가 듣는다.'고 했는데 누군가가 제 이야기를 영은이에게 전한 것 같습니다. 그렇게 다툼이 시작되었습니다.

저로 인해서 시작된 일이니 내일 제가 먼저 영은이에게 사과를 하려고 합니다. 많이 생각하고 반성하고 있습니다. 이번 일로 저는 친구들과의 우정을 지키려면 말조심도 필요하다는 것을 느꼈습니다. 이젠 친구들과 다투거나 얼굴 붉히는 일 없이 예쁜 우정을 나누는 어린이가 되겠습니다. 죄송합니다.

이럴 땐 이런 속담

보람이는 비록 실수로 영은이의 비밀을 폭로했지만 그 사실이 영은이에게 전해질 것이라고는 생각하지 못한 것 같아. 낮말은 새가 듣고 밤말은 쥐가 듣는다는 속담을 인용하면서, 본인도 전혀 생각지 못한 당황스러운 상황임을 말해 주고 있어. 이 속담은 말조심을 해야 한다는 글에 쓰이면 문장에 힘을 실어 주는 역할을 할 수 있지.

발 없는 말이 천 리 간다

뜻풀이

말은 순식간에 멀리 퍼져 나가기 때문에 조심하라는 뜻.

속담 들여다보기

발이 없어서 더 빠른 말

발 없는 말이 천 리 간다?

와, 이건 무슨 한여름 납량 특집에서나 나올만 한 말 귀신 이야길까? 발이 안 달린 말, 무섭지? 그런데 그 말이 천 리를 간다하면 공중 부양을 한단 말인가? 여기서의 '말'은 달리는 동물인 말이 아니고 우리가 내뱉는 말이야.

그럼 천 리는 얼마나 되는 거리일까?

10리가 4킬로미터, 천 리면 400킬로미터니까 거리로 치자면 오늘날 서울에서 부산까지의 거리 정도 될 거야.

발도 안 달린 말이 멀리 천 리까지 퍼진다는 뜻인데 요즘같이 인터넷이나 휴대폰을 어딜 가더라도 손쉽게 이용할 수 있는 시대라면 말이 천 리만 퍼지겠어? 만 리, 십만 리 온 세계 곳곳까지 쭉쭉 다 퍼질 거야. 하지만 이 소문이 만들어지고 쓰이던 시절에는 그런 문명의 혜택이 전혀 없는 시대였으니 놀랄 만하지.

 이 속담은 실제 생활 속에서의 말보다 우리가 자주 사용하는 인터넷 상에서의 말을 생각하면 쉽게 이해가 될 거야. 인터넷 카페나 기사 등에 자기 생각을 써서 올린 적이 있는 친구들도 많지. 그 글을 올리면서 나 말고 몇 명의 사람들이 볼 것이라고 생각하면 올리니?

 열 명? 백 명? 이렇게 생각하면서 글을 올린 것이라면 크게 착각하고 있는 거야.

인터넷에 올린 글은 정말 발 없는 말이 되어 빛의 속도로 전 세계 사람들이 모두 볼 수 있는 글이 된단다. 물론 우리말을 이해하는 사람만이 볼 수 있기는 하겠지. 그래서 입으로 하는 말도 조심해야 하지만 자판 위에서 손이 만들어 내는 말도 신중할 필요가 있어.

한때 악플 때문에 잘못된 길을 선택하는 연예인들도 있었던 것만큼 내 한마디 경솔한 말에 누군가는 씻을 수 없는 상처를 받는 다는 것을 명심해야겠어.

말이라는 것은, 특히 소문이라는 것은 돌고 돌아 다른 사람의 입에서 입으로 옮겨지면서 커지고 과장되고 달라지기 때문에 항상 말조심을 해야 한다는 뜻으로 쓰이는 게 바로 이 속담이야.

뜻이 통하는 속담

발 없는 말이 천 리 간다. = 낮말은 새가 듣고 밤말은 쥐가 듣는다.

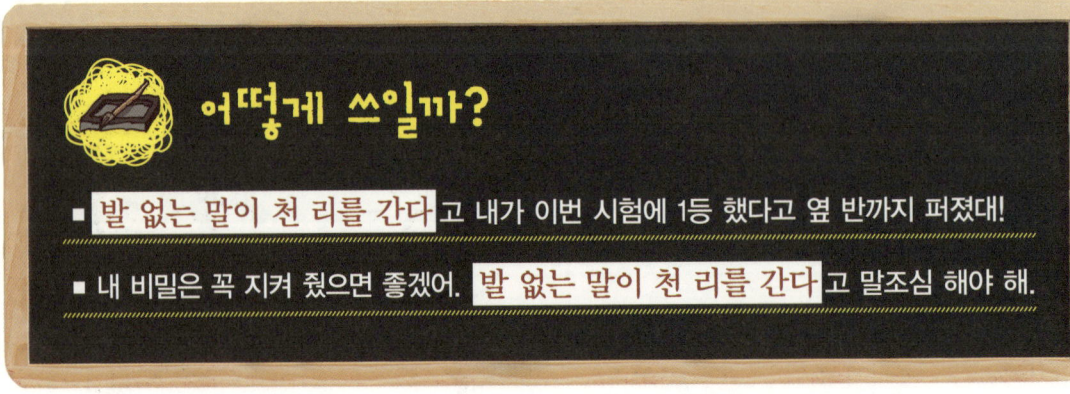

속담으로 글쓰기 | 설명문

우리나라의 자랑스러운 전통 음식 김치

'김치'는 '채소를 물에 담그다.'는 '침채'가 구개음화되어 생긴 단어이다.

김치의 역사는 삼국 시대까지 거슬러 올라가는데 사계절의 변화 때문에 채소를 저장하는 방법으로 소금 절임을 한 것이 김치의 시작이라고 한다.

그 후 고춧가루, 마늘 등의 재료들이 들어옴에 따라 김치의 종류도 다양해지고 담그는 방법도 달라졌다. 김치는 겨울에도 채소를 섭취할 수 있다는 점에서 우수한 음식이었지만 오늘날은 다른 면에서 높이 평가된다.

우리나라 김치의 우수성은 <u>발 없는 말이 천 리를 가듯</u> 퍼져 세계 5대 식품으로 선정될 만큼 세계인들에게 건강식품으로 인정받고 있다.

바로 김치 속에 들어 있는 유산균 때문인데, 유산균은 대장 내부를 청소해 주는 정화 작용을 하고 유해균들의 성장을 막아 암세포의 증식을 억제하는 역할을 한다.

시간이 갈수록 재료와 만드는 방법이 다양해지는 우리의 전통 음식 김치. 이제는 음식의 한류를 이끄는 데에 앞장서고 있다.

이럴 땐 이런 속담

이 글은 자랑스러운 우리의 전통 음식인 김치에 대해 이야기하면서 김치의 우수함이 사람들의 말로 전해져 세계로 널리 퍼졌다는 것을 강조하기 위해 '발 없는 말이 천 리를 간다.'는 속담을 인용했어. 이렇게 자칫 딱딱해지기 쉬운 설명문에서 문맥에 맞는 속담을 쓰면 글의 분위기가 좀 부드러워지는 것 같지?

백지장도 맞들면 낫다

뜻풀이

아무리 쉬운 일이라도 힘을 합치면 더 쉬워진다는 뜻.

속담 들여다보기

힘을 모으면 생기는 막강 파워!

 백지장은 글을 쓰거나 그림을 그리기도 하는 아주 얇은 종이를 말해.

혼자 들어도 든 것 같지 않을 백지장을 둘이 마주 들 필요가 있을까 싶겠지만 아무리 가벼운 물건이나 일도 누군가와 나누어 하면 훨씬 쉽고 가벼워진다는 뜻을 지닌, 협동심을 강조하는 속담이야.

요즘 같은 시대에는 핵가족화 되고 개인주의적인 성격이 강해서 이렇게 협동의 의미를 깊게 생각해 본 적은 별로 없을 거야.

하지만 예전 우리 조상들은 농사를 중심으로 살아와서 서로 돕는 문화가 강했어.

　한창 모내기에 바쁠 때 또는 가을걷이를 할 때 '품앗이', '두레'라고 해서 서로 돌아가며 농사일을 도와주던 풍습이 있었거든.

　오늘은 마을 사람들이 모두 모여 순이네 논에 모내기를 끝내면 내일은 기철이네, 다음 날은 영수네 이렇게 힘을 모아서 큰일을 처리했지. 이런 협동 정신이 아니었다면 기계도 없이 큰 농사를 짓기가 얼마나 힘들었겠어.

　두레가 마을 단위로 이루어진 조직인 반면, 품앗이는 개인적인 친분으로 맺어진 거야. 두레가 품앗이보다 큰 개념이라고 할 수 있지.

두레에는 반드시 농악이 따르게 마련이어서 작업 능률을 올리기 위한 오락적인 요소도 들어 있었대. 그리고 그 농악대는 농사일뿐만 아니라 농한기나 명절 등에도 동원되어 마을 사람들의 휴식을 돕거나 흥을 돋우는 데에 한 몫을 했다고 하네.

품앗이는 김장철에 여러 아주머니들이 모여서 함께 김장을 하는 모습을 생각하면 이해하기 쉬울 거 같아. 여럿이서 함께 일하면 지루하지도 않고 일도 능률적으로 잘 되겠지?

'백지장도 맞들면 낫다.'라는 말도 이런 협동심에서 나온 속담이야. 우리 친구들도 우리 조상들이 그랬던 것처럼 협동의 중요성을 알고 몸소 실천하는 현명한 어린이들이 되도록 하자. 백지장을 들듯 쉽고 간단한 일부터 차근차근.

뜻이 통하는 속담

백지장도 맞들면 낫다. = 손이 많으면 일도 쉽다.
= 열의 한 술 밥이 한 그릇 푼푼하다.
= 개미가 절구통을 물어 간다.

어떻게 쓰일까?

- **백지장도 맞들면 낫다**고 너 혼자 하는 것보다 내가 도와주면 더 쉽지 않을까?
- 마트에 같이 가자! 무거운 것을 많이 살 건 아니지만 **백지장도 맞들면 낫잖아!**

> 속담으로 **글쓰기** | **기사문**

태풍 피해 복구 '백지장도 맞들면 낫다'

지난 제 15호 태풍 '볼라벤'과 제 14호 '덴빈' 등 연이은 태풍으로 인해 제주 지역에 큰 피해가 발생했다. 피해 복구를 위해 공무원을 비롯해 군인, 경찰, 도민 등이 연일 응급 복구 작업으로 분주한 나날을 보내고 있는데, 제주시는 평일은 물론 주말과 휴일인 1일과 2일에도 공무원을 최대한 동원하는 한편 군부대와 경찰 등에 인력 지원을 요청하는 등 신속한 복구에 총력을 가하고 있다.

'<u>백지장도 맞들면 낫다</u>.'라는 말처럼 피해 복구에는 너나가 따로 없다며 제주 시민들 뿐 아니라 전국적으로 도움의 손길을 보내고 있어 피해 복구가 예상보다 빠를 것으로 보인다.

자원봉사자로 등록된 제주 시민이 6만 명을 바라보는데 이는 시민 일곱 명 중 한 명은 자원봉사자로 활동하는 셈이다. 제주시는 이처럼 자원봉사 참여자가 빠르게 증가하는 것과 관련, 자원봉사 활동의 중요성과 필요성에 대한 인식 확산으로 어려운 이웃들에게 사랑을 나누는 사회적 분위기가 확산되고 있기 때문으로 풀이했다.

📄 이럴 땐 이런 속담

태풍으로 몸살을 앓았던 제주도 관련 기사인데 태풍 볼라벤과 덴빈이 연이어 몰려와서 제주도의 온 도민이 함께 힘을 합쳐 피해 복구를 한다는 내용이야. 재난 앞에서 협동된 도민들의 자랑스러운 모습을 표현하기 위해 '백지장도 맞들면 낫다.'라는 표현을 썼어. 이로써 문장이 더 명확해지며 제주도민들의 단결된 모습이 눈에 선하게 보이는 듯해.

사공이 많으면 배가 산으로 간다

뜻풀이

일에 간섭하는 사람이 많으면 오히려 뜻밖에 실패하는 수가 있다는 뜻.

속담 들여다보기

세상에 잘난 사람이 너무 많아!

요즘처럼 강을 가로 질러 건널 수 있는 다리가 없던 옛날에는 강을 건너가려면 나룻배라고 하는 작은 배를 주로 타고 다녔어. 배에는 기다란 노를 저으며 방향을 잡아 가는 뱃사공이 있었지. 뱃사공은 손님들이 안전하게 강을 건널 수 있도록 방향을 잘 잡아서 뱃길을 잘 찾아가는 것이 중요했어. 그런데 이런 작은 배에 뱃사공이 여러 명이고 서로 자신이 주장하는 뱃길이 맞고 남의 것은 틀리다고 주장하면 어떨까?

손님들이 제대로 강을 건널 수 없을 거야. 서로 잘났다고 티격태격하는 뱃사공들 때문에 제시간에 강을 건널 수도 없을 테고, 사공마다 노를 잡고 있으면 결국 그 배는 어디로 갈지 모르게 되는 거야.

그래서 생겨난 말이 '사공이 많으면 배가 산으로 간다.'라는 속담이지. 배는 강이나 바다에 있어야지 산으로 가 봤자 아무짝에도 쓸데가 없어지잖아. 이럴 땐 뱃길 잘 아는 사공 하나가 잘난 여럿보다 낫지.

우리도 여럿이서 뭔가를 결정하고 앞으로 나아가야 할 때, 제각각 자기 말만 옳다고 우기면서 의견이 한군데로 모아지지 않는다면, 분명히 엉뚱한 곳으로 방향이 흘러가게 될 거야. 그럴 때 누군가가 앞에 나서서 서로의 의견을 모으고 최종 결정하는 역할을 해야 하지.

외국에도 비슷한 속담이 있어. '요리사가 많으면 스프를 망친다.'라는 말을 들어 봤니?

요리사가 여럿이라 모두 자기의 요리 방법을 고집하고 자신이 주장하는 재료를 한 스프에 모두 넣는다면 그 스프의 맛을 어떨까? 맛의 조화가 이루어지지 않고 제각각인 재료와 조리법으로 인해 엉망이 되겠지.

그렇게 나온 속담이 '요리사가 여럿이면 스프를 망친다.'야. 표현 방법은 달라도 뜻이 통하는 속담들이 각 나라에 있다는 것이 너무 재미있는 것 같아.

이것은 어떤 일에도 서로 자기주장만 내세우고 양보하지 않으려 든다면 목표하는 일을 이루지 못할 수 있다는 교훈을 주는 속담이란다.

뜻이 통하는 속담

사공이 많으면 배가 산으로 간다. = 목수 많은 집이 기울어진다.

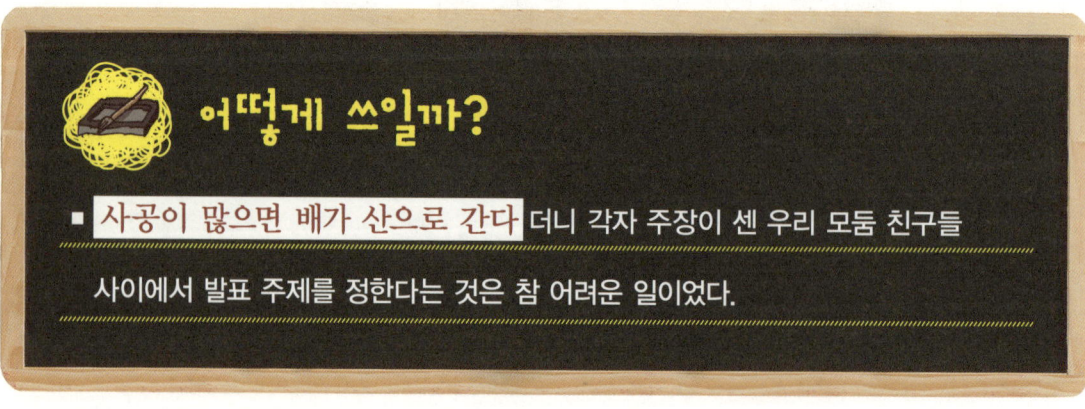

어떻게 쓰일까?

■ **사공이 많으면 배가 산으로 간다**더니 각자 주장이 센 우리 모둠 친구들 사이에서 발표 주제를 정한다는 것은 참 어려운 일이었다.

속담으로 **글쓰기** | 기사문

반장 선거

한별 초등학교 5학년 3반 반장 선거가 어제 실시되었다. 후보자는 송소윤, 이준희, 김준아 세 명이다. 송소윤 후보는 학교 수업 외에 틈새 시간을 효율적으로 쓸 수 있는 계획을 짜서 모두가 공부 잘하는 우수한 반으로 만들 것을 공약했다. 이준희 후보는 청결하고 질병 없는 건강한 반을 만들기 위해 노력할 것을 공약했으며, 김준아 후보는 학우들을 대신해 궂은일에 앞장서고 좋은 일에는 물러설 줄 아는 희생정신을 강조했다.

세 후보의 공약을 듣고 급우들은 투표를 실시했고 학급 인원 32명 전원이 참가한 투표가 끝났다. 결과는 송소윤 15표, 이준희 9표, 김준아 8표 득표로 반장에 송소윤, 부반장에 이준희, 김준아가 선정되었다.

새로운 반장, 부반장은 앞으로 반을 위해서 봉사 정신을 가지고 일할 것을 급우들 앞에서 다짐했다. 선생님께서는 '사공이 많으면 배가 산으로 간다.'고 하는데 그런 일이 없도록 반장과 부반장이 각자의 지위에 맞는 역할을 해 주길 바란다고 당부하셨다. 새로운 반장과 부반장들의 활약이 기대된다.

이럴 땐 이런 속담

기사문은 사실만을 가지고 육하원칙에 맞춰 명확하게 전달하는 글이야. 선생님께서는 새로 선정된 임원들이 각자 주장만 펴고 융화되지 못할 것을 우려해 속담을 이용해 경계를 하셨어. 이 속담은 어떤 일에 능통한 사람들이 여럿 모여 서로 자기주장만 앞세우면 오히려 일을 그르칠 수 있다는 뜻의 글을 살리기 위해 이용하면 좋겠다.

똥 묻은 개가 겨 묻은 개 나무란다

뜻풀이

자신은 더 큰 흉이 있으면서 남의 작은 흉을 본다는 뜻.

속담 들여다보기

먼저 거울을 보자, 깨끗하니?

생각해 보면 속담에는 똥이 들어간 속담도 참 많아. 농경 사회였던 옛날에는 똥은 더럽고 추한 존재이기도 했지만 반대로 땅을 비옥하게 만들어 주는 고마운 존재이기도 했지. 그래서 친근함의 표현이랄까? 똥이 들어가는 속담이 많은 것 같아.

어느 시골 마을에 만봉이라는 개와 칠복이라는 개가 살았어.

만봉이의 주인은 농사를 지었고, 칠복이의 주인은 쌀을 찧는 정미소를 했지. 그래서 만봉이의 몸에는 주인이 거름으로 썩히려고 옮기는 똥이 때때로 묻어 있고, 칠복이의 몸에는 정미소에서 쌀 껍질을 벗기는 도정을 하고 남은 왕겨들이 붙어 있었어.

하지만 두 개는 친한 친구로, 몸에 뭐가 묻든지 신 나게 들판과 마을을 뛰어 다니며 놀았어. 그런데 이 마을에 도시 사람이 이사를 오면서 만봉이와 칠복이와는 다른, 세련되고 혈통있는 메리라는 개가 오게 된 거야.

메리를 처음 본 만봉이와 칠복이는 그만 사랑에 빠졌지. 둘은 메리의 관심을 끌어 보려고 정성을 다했지만 메리의 눈에 이 시골 개들이 들어 올 리가 없잖아. 두 개는 그저 메리의 주위만 맴돌고 있었어. 그러던 어느 날, 칠복이는 용기를 내서 메리에게 고백하고자 마음먹었지. 메리를 찾아가 말했어.

"너를 처음 봤을 때부터 관심이 있었어. 우리 친구가 되지 않을래?" 메리가 뭐라고 대답하기 전에 칠복이의 뒤에서 큰 웃음소리가 들려왔어.

똥 묻은 개가 겨 묻은 개 나무란다 · 83

"야야! 너같이 쌀겨가 잔뜩 묻고 더러운 녀석이 어떻게 메리하고 친구가 될 생각을 하냐? 네 꼴을 봐. 그 용기가 가상하다." 바로 만봉이었어.

만봉이는 자신보다 먼저 메리에게 고백을 한 칠복이에게 따가운 눈길을 보내고 있었지. 이 둘을 보던 메리가 만봉이를 향해 말했어.

"네 얼굴에 묻은 건 뭐니? 집에 가서 거울 보고 얼굴에 묻은 똥이나 좀 닦을래? 정말 더러워." 메리는 쌩 하고 집으로 들어가 버렸지.

바로 만봉이가 칠복이에게 더럽다고 핀잔 준 것이 똥 묻은 개가 겨 묻은 개보고 나무란 거지 뭐겠니? 몸에 더럽고 냄새나는 똥을 묻혀 놓고 자신보다 훨씬 깨끗한 겨 묻은 개를 놀리다니. 이 상황처럼 자신의 큰 허물이나 단점은 생각 안하고 남의 작은 허물을 들춰내는 사람에게 이 속담을 주로 쓴단다.

뜻이 통하는 속담

똥 묻은 개가 겨 묻은 개 나무란다. = 가랑잎이 솔잎더러 바스락거린다고 한다.
= 뒷간 기둥이 물방앗간 기둥을 더럽다 한다.
= 방귀 뀐 놈이 성낸다.

어떻게 쓰일까?

- 국어 시험 삼십 점 맞은 네가 어떻게 칠십 점 맞은 친구를 탓하고 있니? **똥 묻은 개가 겨 묻은 개** 나무라는 것 같구나.

속담으로 **글쓰기** | **논설문**

친구 사이에 예절을 잘 지키자

예로부터 우리나라는 동방예의지국이라고 하여 어른, 아이 구별이 분명하고 예의 바른 민족이었다. 언어만 해도 그렇다. 우리말처럼 높임말과 낮추는 말이 명확히 구분 되는 똑똑한 언어는 없다.

영어만 봐도 "Hello!"라는 인사를 아이부터 어른에게 모두 할 수 있지만 우리나라는 어른에게 "안녕?" 했다가는 눈물이 쏙 빠지도록 혼 날 것이 분명하다.

이렇게 언어까지 예의가 갖춰진 우리나라가 요즘은 예의를 잃어 가는 나라가 되고 있는 것 같다. 어린 아이들이 할머니, 할아버지께 반말을 하고 젊은이들이 노인과 싸우기도 하는, 있어서는 안 될 사건들이 자주 일어나고 있다.

그렇다고 예의가 꼭 어른들께만 지켜져야 하는 것은 아니다. 친구 사이에서도 지켜야 할 예의는 있다. 친구보다 조금 더 알거나 우월하다고 잘난 척을 해서는 안 되고 친구의 기분을 생각하며 말하는 예의도 필요하다. 친구에게 이런 예의를 지키지 않으면서 지적하는 것은 <u>똥 묻은 개가 겨 묻은 개 나무라는</u> 격이라고 할 수 있다.

📖 이럴 땐 이런 속담

우리 속담 속 똥의 존재는 쓸 데 없는 것을 대표하기도 하고 더러운 것을 대표하기도 하지. 이 속담은 더러운 똥 묻은 개가 겨 묻은 개에게 더럽다고 핀잔을 주듯 오히려 내가 잘못이 큰데 상대방에게 화를 내는 적반하장의 경우에 쓰면 그 뜻이 강해진단다. 속담도 똥이 들어가면 참으로 센 어감과 강한 뜻을 만들어 주는 것 같아.

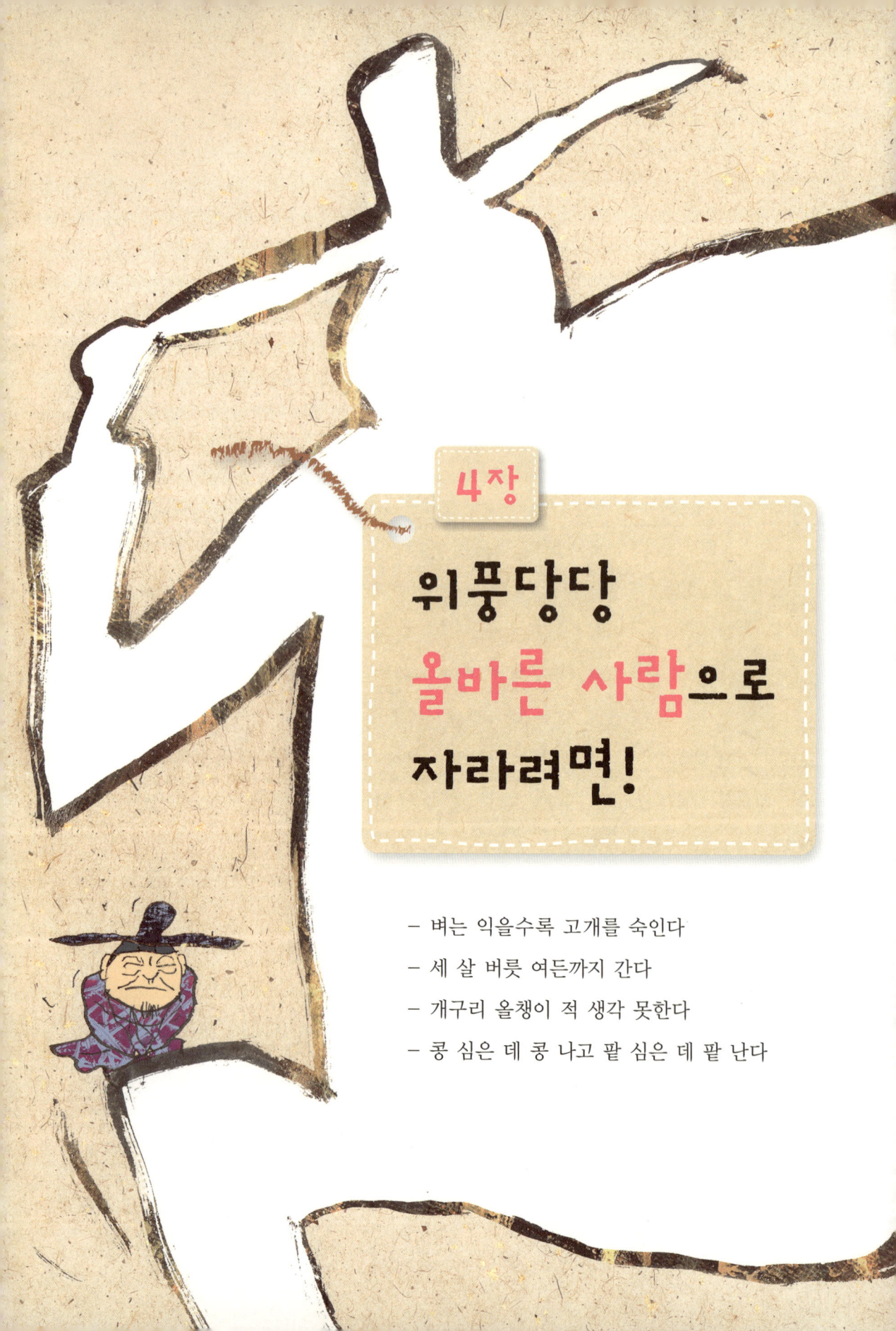

4장

위풍당당 올바른 사람으로 자라려면!

- 벼는 익을수록 고개를 숙인다
- 세 살 버릇 여든까지 간다
- 개구리 올챙이 적 생각 못한다
- 콩 심은 데 콩 나고 팥 심은 데 팥 난다

벼는 익을수록 고개를 숙인다

뜻풀이

교양이 있고 수양을 쌓은 사람일수록 겸손하고 남 앞에서 자기를 내세우려 하지 않는다는 것을 비유적으로 이르는 말.

속담 들여다보기

겸손함은 크나큰 미덕

우리 친구들 벼가 무엇인지는 잘 알지? 쌀이 되기 전의 식물 상태를 벼라고 하잖아. 벼는 알곡이 익기 전까지는 하늘로 쭉 뻗은 모양새로 자라다가 알곡이 여물면서 그 무게로 인해서 구부러진 모습이 돼.

너희들도 다들 한 번씩은 봤을 거야. 꼭 고개를 숙이고 인사하는 모습 같지 않아?

이 속담은 익지 않은 벼 알곡과 같이 지식이 여물지 않은 사람은 교만하게 고개를 빳빳이 들고 있지만 오히려 잘 여문 알곡처럼 지식이 풍부한 사람은 그 무게로 인해서 신중하고 겸손해진다는 뜻을 가지고 있는 속담이야.

주로 지식이 많지 않으면서 잘난 척을 하는 경솔한 사람들을 나무랄 때 많이 쓰는 속담인데, 벼가 익으면 고개를 숙이듯 사람도 아는 것이 많고 생각이 깊은 사람일수록 더 겸손하다는 뜻이지.

이솝 우화에 수탉 두 마리가 암탉 한 마리를 서로 차지하려고 싸움을 벌이는 이야기가 나와.

수탉들은 결사적으로 싸우고 그중 한 마리가 승리를 거두었지. 그 수탉은 냉큼 지붕 위로 올라가서 크게 소리를 쳤어.

"꼬끼오~ 내가 이겼다. 나는 최고다. 아무도 나를 이길 수 없어!"

그런데 그때 마침 굶주린 독수리 한 마리가 그 주변을 돌다가 그 수탉의 소리를 듣고 냉큼 낚아채 갔어. 수탉은 잘난 체하다가 그만 독수리의 밥이 되고 말았지.

또 그리스 신화에 이카로스라는 사람이 나와. 그는 자신이 갇혀 있는 곳을 탈출하기 위해 새의 깃털과 밀랍으로 날개를 만들어 하늘로 날아 탈출을 하려고 했어. 하지만 새처럼 자신이 나는 모습이 신기한 나머지, 태양 가까이 올라가지 말라는 아버지의 말을 무시한 채 높이 날다가 밀랍이 태양에 녹아 땅으로 추락하게 되지.

이런 두 가지 이야기처럼 겸손한 마음을 가지지 않으면 잘될 수 있었던 일에도 오히려 화를 부를 수 있으니 너희들도 잘 여문 벼처럼 지식과 생각은 풍부하고 태도는 겸손한 바른 사람으로 자라나길 바란다.

뜻이 통하는 속담

벼는 익을수록 고개를 숙인다. = 물은 깊을수록 소리가 없다.
= 병에 찬 물은 저어도 소리가 나지 않는다.

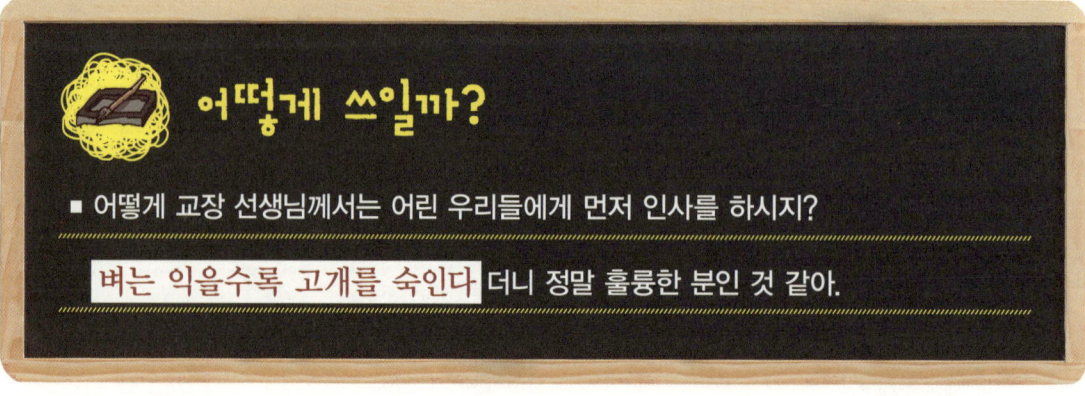

어떻게 쓰일까?

- 어떻게 교장 선생님께서는 어린 우리들에게 먼저 인사를 하시지?
벼는 익을수록 고개를 숙인다더니 정말 훌륭한 분인 것 같아.

속담으로 글쓰기 | 생활문

우리 담임 선생님

우리 담임 선생님은 키가 크고 마른 체격을 가지셨다. 머리는 짧은 단발머리를 하셨고, 늘 머리에 핀을 꽂고 계시는 단정한 40대의 여자 선생님이시다.

선생님은 평소에 아주 상냥한 분이시며 우리에게 선생님 어린 시절의 재미있었던 이야기를 자주 해 주신다. 아이들이 이야기에 반응이 좋으면 한쪽 눈썹을 치켜 올리시며 즐거워하신다. 선생님은 우리에게 항상 존댓말을 하시고 크게 화를 내시는 일이 없다. '벼는 익을수록 고개를 숙인다.'고 어린 제자들을 존중해 주시는 좋은 어른이시다.

하지만 수업 시간에 지나치게 많이 떠드는 친구들을 발견하시면 목소리가 마이크에 대고 말하듯 커지신다. 화를 내시는 것은 아니지만 큰 목소리에 장난꾸러기 아이들은 순간 조용해진다.

오늘도 수업 시간에 만화책을 보던 친구 하나가 선생님의 큰 목소리에 놀라 만화책을 바닥에 떨어뜨리고 울음을 터뜨렸다. 그러나 곧 우는 친구를 따뜻하게 타일러 주시는 우리 담임 선생님은 부드러운 카리스마를 가진 멋진 분이다.

이럴 땐 이런 속담

이 글을 쓴 친구는 선생님을 존경하는 마음을 '벼는 익을수록 고개를 숙인다.'는 속담을 써서 표현했어. 학생들을 어리다고 무시하지 않고 존중해 주시는 선생님의 인격을 그대로 말해 주는 속담이 되었지? 이처럼 이 속담은 겸손을 강조하는 글에서 적절히 인용해 주면 좋겠어.

세 살 버릇 여든까지 간다

뜻풀이

나쁜 버릇은 쉽게 고쳐지지 않는다는 뜻.

속담 들여다보기

버릇을 고치기는 너무 힘들어!

세 살 때부터 손가락을 입에 넣고 빠는 버릇을 가진 남자 아이가 있었어.

아이의 부모님도 아직 아기니까 괜찮다는 생각에 크게 나무라지 않았고 아이는 조금만 불안하거나 긴장되는 일이 있으면 손가락을 입에 넣고 빨곤 했지. 하지만 아이가 크면서 늘 손가락을 입에 넣고 있어서 이제 부모님도 걱정하기 시작했어.

부모님이 아이에게 손가락을 입에 넣지 말라고 나무라도 아이는 화를 내며 싫다고 떼를 썼지. 아이는 점점 나이가 들어서도 손가락을 입에 넣는 나쁜 버릇이 고쳐지지 않았어. 이제 부모님도 나이가 들어 타이르기엔 너무

지쳤기 때문에 어느 누구도 아이에게 잘못된 버릇에 대해서 지적하지 않았어.

그런데 이상하게도 아이는 점점 커 가면서 항상 감기와 같은 질병에 시달리면서 허약하게 자랐어. 몸에 좋다는 값비싼 영양제를 먹고 운동을 열심히 해도 별 소용이 없었지.

이제 부모님도 돌아가시고 그 아이는 어른이 되고 할아버지가 되었어.

씹기는 불편해도 껍질이 더 맛있구먼!

오물 오물

아가야~, 껍질은 벗겨 먹어야지!

껍질이 좋아! 냠냠!

여전히 크고 작은 병마에 시달리면서 건강하지 못했어. 어느 날 용하다는 의사를 만나게 된 할아버지는 의사에게 놀라운 이야기를 들었지.

"할아버지 건강이 나빠진 이유는 다 손을 빠는 버릇 때문입니다. 습관적으로 손을 빠니까 손에 있는 많은 세균들이 할아버지 몸에 들어가서 어릴 적부터 지금까지 늘 병약하셨

세 살 버릇 여든까지 간다 · **93**

던 것이죠. 자, 거울을 보세요."

할아버지는 의사가 보여 준 거울을 보고 너무 놀랐어. 거울 속에는 아직도 아기처럼 손가락을 빨고 있는 자신의 모습이 있었던 것이지. 이렇게 어릴 적 버릇이나 습관은 나이가 들어도 잘 고쳐지지 않기 때문에 생긴 속담이야.

우리는 살면서 참 많은 행동들을 하게 돼. 또 그것이 금세 자신에게 익숙해지는 것을 볼 수 있을 거야. 자기 전에 이를 닦는 습관, 일기를 매일매일 쓰는 습관, 밥 먹을 때 다리를 흔드는 나쁜 버릇 등 좋고 나쁜 행동들이 정말로 많지. 그렇기 때문에 나쁜 버릇을 하루 빨리 고치고, 좋은 버릇은 계속 유지하는 게 중요하단다.

🖍️ **뜻이 통하는 속담**

세 살 버릇 여든까지 간다. 🟰 제 버릇 개 줄까.

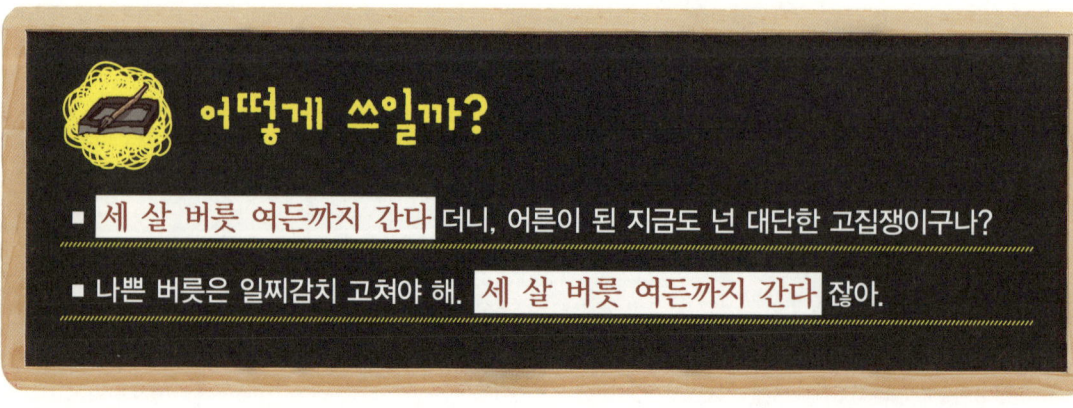

어떻게 쓰일까?

- **세 살 버릇 여든까지 간다**더니, 어른이 된 지금도 넌 대단한 고집쟁이구나?
- 나쁜 버릇은 일찌감치 고쳐야 해. **세 살 버릇 여든까지 간다** 잖아.

속담으로 글쓰기 | 생활문

나쁜 버릇 바로잡기

나는 손톱을 깨무는 버릇이 있다. 솔직히 나 자신은 잘 모를 때가 많다. 무의식적으로 손톱을 깨무는 것이다. 이 버릇은 내가 세 살 때 동생이 태어나면서부터 부모님의 사랑을 빼앗길지도 모른다는 불안감에 시작된 것이라고 엄마는 말씀하셨다. 부모님과 선생님의 지적을 받고 고치려 노력했지만 쉽지는 않았다.

하지만 나는 죽을 각오로 버릇을 고치리라 결심했다. 오늘 우리 반의 한 친구가 내 흉내를 낸다고 손톱 깨무는 시늉을 하는 것이 아닌가. 정말 충격적이었다. <u>세 살 버릇 여든까지 간다</u>는데, 여든 살이 된 나를 떠올리는 사람들도 손톱을 깨물고 있는 할머니로 기억하면 아주 슬픈 일이다.

나는 나의 굳은 의지를 어머니께 말씀드리자 한참을 고민하시던 어머니께서는 나의 손톱에 봉숭아물을 예쁘게 들여 주셨다. 그러고는 이렇게 예쁜 손톱을 첫눈이 오는 날까지 잘 유지하고 있으면 큰 행운이 찾아온다고 말해 주셨다.

이제부터라도 빨갛고 수줍게 물들어 있는 내 손톱을 지켜야겠다. 그렇게 하다 보면 내 나쁜 습관도 고쳐질 날이 오지 않을까?

📑 이럴 땐 이런 속담

이 생활문에서 주인공은 자신의 나쁜 버릇을 고칠 결심을 나타내고 있어. 하지만 오랫동안 몸에 익숙해진 버릇을 고치기는 쉽지 않을 것이야. 그래서 인용한 속담이 바로 '세 살 버릇 여든까지 간다.'야. 이 속담을 통해 세 살에 갖게 된 버릇은 여든 살이 될 때까지도 못 고칠 만큼 어렵다는 것을 강조하고 있지.

개구리 올챙이 적 생각 못한다

 뜻풀이

자신의 지위가 높아지면 그 전에 지위가 낮고 어려울 때 생각을 못한다는 뜻.

속담 들여다보기

처음 먹었던 마음, 초심을 잃지 말자

 한 연못에 높이뛰기를 잘하는 개구리가 한 마리 살았어. 마치 연못이 자기 것인 양 개구리는 시끄럽게 뛰어다니며 자기가 가진 튼튼한 다리를 늘 자랑하고 다녔지.

아주 거만하기 짝이 없었어.

지나가던 소금쟁이에게도 "네 다리는 가늘고 쓸모가 없구나. 나처럼 높이 뛸 수도 없지?" 또 풀잎 위에 쉬고 있는 달팽이에게도 "야, 넌 다리를 어디다가 숨겨 놓고 다니는 거야? 너도 나처럼 길고 힘 있는 다리를 갖고 싶지?" 개구리는 연못에서 사는 친구들을 놀리며 보란 듯이 높이 팔짝팔짝 뛰어다녔어.

연못에 사는 친구들 모두 개구리를 싫어했지만 개구리가 너무 높이 무섭게 뛰어다녀서 어쩔 수 없었어.
　그러던 어느 날, 개구리는 올챙이를 만났어. 그 올챙이는 앞다리가 조그마하게 솟아나 있는, 아직 작고 약한 올챙이였어. 개구리는 이 우스꽝스러운 모습에 그만 웃음을 터트렸지. "야! 너 진짜 웃기게 생겼다. 꼬리로 헤엄치면서 왜 쓸데없는 다리가 달린 거냐?"

개구리의 이 말에 연못에 있던 친구들도 큰 소리로 따라 웃기 시작했어. 올챙이는 창피해 하지 않고 웃으며 말했지. "너, 기억이 안 나는가 본데 얼마 전만 해도 넌 나와 똑같은 모습이었거든? 아무리 모습이 바뀌었어도 자기의 예전 모습까지 잊어버려서 되겠냐!"

그 말을 들은 개구리는 창피해서 얼굴이 빨개졌어.

그 후로 개구리는 연못에서 예전처럼 시끄럽게 뛰어다니지 않았대.

이렇게 모습이 확 바뀐 개구리가 자기의 과거 모습인 올챙이 적을 기억 못하듯이, 지금의 지위가 높아지고 형편이 나아졌다 하더라도 교만하지 말고 처음의 마음을 기억하자는 뜻의 속담이야.

뜻이 통하는 속담

개구리 올챙이 적 생각 못한다. = 뒷간에 갈 적 마음 다르고 올 적 마음 다르다.

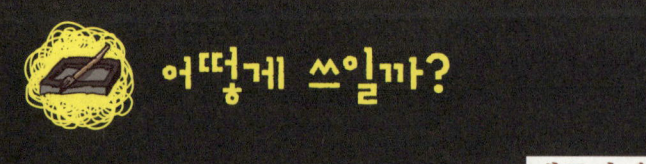

- 정치인들은 왜 당선되면 태도가 달라질까? <u>개구리 올챙이 적 생각 못하는</u> 걸까?
- 그 친구한테 화내지 마. <u>개구리 올챙이 적 생각 못하다</u>고 너도 얼마 전까지 그랬어.

속담으로 글쓰기 | 체험 학습 보고서

헤이리 옛날 물건 박물관을 다녀와서

2012년 12월 14일 파주 헤이리에 위치한 옛날 물건 박물관을 다녀왔다. 60년대 배우들이 그려진 달력부터 88서울 올림픽 마스코트 호돌이 인형, 흑백 TV와 라디오, 오래된 교과서와 참고서 등 옛날 물건은 없는 것이 없을 정도로 다양하게 갖춰진 재미있는 박물관이었다. 모스 부호기를 체험해 보고 불량 식품이라고 불렸다는 간식들을 먹어 보기도 하며 엄마, 아빠의 어린 시절을 체험해 볼 수 있었다. 문득 이렇게 오래된 물건들도 누군가 소중하게 수집을 했기 때문에 고이 남아서 많은 사람들이 볼 수 있게 된 것인데 나는 물건들을 소중하게 다루고 있는가? 라는 생각이 들었다.

아빠 말씀으로는 <u>개구리 올챙이 적 생각 못한다고</u>, 물건들이 귀해서 소중하게 다루고 썼던 시절이 그리 오래전은 아닌데 마치 예전부터 넘쳐나는 물건들 속에서 살아온 것처럼 요즘 사람들이 낭비를 하고 있다고 했다. 옛날 물건 박물관에서 오래된 물건들을 구경하면서 나는 어른들처럼 돌이켜 볼 추억은 없었지만 내 물건들을 소중하게 아껴야겠다는 다짐을 했다.

이럴 땐 이런 속담

이 글에서 불과 몇 십 년 전만해도 달력 한 장, 연필 한 자루가 귀해서 아껴 쓰고 재활용하면서 살아왔는데 그런 사실은 모두 잊고 지금은 물건들을 함부로 버리고 낭비한다는 의미에서 '개구리 올챙이 적 생각 못한다.'는 속담을 썼지. 이처럼 과거를 생각 안하고 현재 모습으로만 뽐내는 사람이나 상황을 비유적으로 말할 때 쓰면 좋아.

콩 심은 데 콩 나고 팥 심은 데 팥 난다

뜻풀이

모든 일은 원인에 따라 거기에 걸맞은 결과가 나타난다는 뜻.

속담 들여다보기

콩 심고 팥 나길 기도하는 어리석음

'콩 심은 데 콩 나고 팥 심은 데 팥 난다.'는 너무나 당연한 이야기가 왜 속담이 되었을까? 흙에다 무슨 씨를 심었느냐에 따라 수확되는 작물이 결정되는 것인데, 살다 보면 콩을 심어 넣고 팥이 나기를 바라거나 팥을 심어 놓고 콩이 나기를 바라는 사람들이 있기 때문에 이런 속담이 생겨난 거야.

무슨 말이냐고? 농부가 팥죽이 너무 먹고 싶은데 팥이 없는 거야. 대신 비슷하게 생긴 콩을 밭에 심으면서 "내가 정성을 다해서 기르면 팥이 열리게 될지도 몰라. 그러면 그 팥으로 맛있는 팥죽을 실컷 만들어 먹어야지." 라고 생각하면서 물을 주고 햇볕을 쬐어 주고 잡풀을 뽑아 주면서 정성을 다해서

잘 길렀어. 그 나무에서는 과연 농부가 원하는 팥이 열렸을까? 아니, 결코 있을 수 없는 일이지. 그 나무에서는 싱싱한 콩이 주렁주렁 열렸을 거야.

우스운 이야기 같겠지만 우리는 자주 콩을 심어 놓고 그보다 좋은 다른 것이 나오길 기대하기도 해. 내가 음악가의 꿈을 가지고 있으면서 연주 연습을 하지 않고 열심히 운동만 한다면 과연 원하는 음악가가 될 수 있을까?

또는 나의 부모님이 검은 머리 검은 눈동자의 한국 사람인데 내가 금발 머리를 가지고 눈동자가 파란 외모로 태어날 수 있었을까? 모두 불가능한 일이지. 이런 일들을 비유할 때 '콩 심은 데 콩 나고 팥 심은 데 팥 난다.'는 말을 써.

서양의 철학자 웨인 다이어는 '오렌지를 쥐어짜면 오렌지 주스가 나온다.'는 말을 했는데 이 이야기도 우리의 속담과 통하는 뜻을 가지고 있어.

오렌지를 짜면 오렌지 주스가 나오지 포도 주스가 나올 리 없잖아. 이처럼 사람에게 나오는 결과도 반드시 그 사람에게서 나오는 것이라는 뜻이야.

우린 그동안 어떤 씨를 심어 왔을까? 씨가 튼튼하고 종자가 좋은 것을 심었다면 좋은 열매를, 그렇지 못하면 그 성과는 좋지 않을 거야. 우린 콩을 심고 팥이 열리는 요행을 바라는 사람이 되기보다는, 콩을 심고 맛 좋고 품질 좋은 콩이 열리도록 물도 주고 햇빛도 쐬어 주고 거름도 주는 노력하는 사람이 되도록 하자.

뜻이 통하는 속담

콩 심은 데 콩 나고 팥 심은 데 팥 난다. = 대나무에서 대 난다.

어떻게 쓰일까?

- **콩 심은 데 콩 나고 팥 심은 데 팥 난다**고 어떻게 잠버릇까지 아빠를 닮았니?
- 공부를 안 하니까 성적이 그렇지. **콩 심은 데 콩 나고 팥 심은 데 팥 나는 거야!**

속담으로 글쓰기 | 기사문

우리 아이, 어떻게 하면 키가 클 수 있을까?

요즘 키에 대한 관심이 아이들의 학업 성적 다음으로 큰 문제가 되고 있다. 과거에는 키가 작더라도 '작은 고추가 맵다.'는 속담을 교훈 삼아 공부나 다른 분야에 더 노력을 하는 경우가 많았다. 그러나 외모에 대한 관심이 높아진 지금은 사정이 달라졌다.

기본적으로 키는 '콩 심은 데 콩 나고 팥 심은 데 팥 난다.'는 말처럼 부모가 클수록 아이들은 클 가능성이 매우 높다. 즉, 약 50퍼센트는 부모의 유전적 영향을 받는다. 아이의 성장 가능성(최종 신장)을 예측하는 방법은 엄마와 아빠 키의 평균에서 남자의 경우 6.5센티미터를 더하고 여아의 경우 6.5센티미터를 뺀 것이며 여기에 ±5센티미터가 예측 키다.

다시 말하면 키를 키우는 방법은 자신의 타고난 유전자가 최대한 발휘될 수 있도록 도와주는 것이며, 키를 작게 하는 요인인 음식 섭취의 불균형, 스트레스, 만성 질환 등을 관리해 주는 방법이 있다. 그리고 고른 영양 섭취 등의 환경 요건을 만족시켜 자신이 타고난 성장 잠재력을 최대한 살리는 것이다.

이럴 땐 이런 속담

'콩 심은 데 콩 나고 팥 심은 데 팥 난다.'는 속담은 어떤 결과와 원인이 들어맞는다는 뜻으로도 쓰일 수 있지만 위의 글처럼 유전적인 이야기를 할 때도 잘 쓰이는 속담이야. 부모가 모두 키가 작으면서 아이만 돌연변이처럼 크길 바라는 것이 부질없는 일이라는 것처럼 말이야.

5장
노력하는 사람이 꿈을 이룬다!

- 천 리 길도 한 걸음부터
- 지성이면 감천이다
- 제비는 작아도 강남 간다
- 될성부른 나무 떡잎부터 알아본다
- 열 번 찍어 안 넘어가는 나무 없다
- 감나무 밑에 누워 연시 떨어지기를 바란다
- 티끌 모아 태산
- 공든 탑이 무너지랴

천 리 길도 한 걸음부터

뜻풀이

아무리 큰일도 시작은 작은 일부터 진행된다.
무엇이든 시작이 중요하다는 뜻.

속담 들여다보기

시작을 했으면 반은 성공이야!

천 리는 오늘날 서울에서 부산까지의 먼 거리를 말해. 옛날에는 지금처럼 자동차나 기차 같은 탈것이 없었어. 그래서 사람들은 천 리 밖의 사람을 만나거나 일을 보러 갈 때는 짐을 챙겨서 걸어야만 했지. 며칠동안 걷다가 쉬다가 하면서 천 리 길을 다녔는데, 하도 많이 걸으니까 신고 있던 짚신이 닳아서 갈아 신을 새 짚신까지 챙겨 다녀야 했다고 해.

요즘처럼 길이 잘 포장되어서 걷기 쉬웠던 때도 아니고 울퉁불퉁 흙길에 강도 건너고 산도 넘어야 하며 때론 어둠 속에서 산짐승들의 위협도 견뎌야 하는 험난한 길을 한 걸음씩 가야만 목표한 천 리 길을 갈 수 있었던 거야.

천 리 길을 간다는 뜻은 단순히 먼 거리를 뜻하는 것만이 아니라 해내야 하는 큰일을 뜻해.

이런 고되고 먼 길도 결국 한 걸음, 한 걸음 가야 도달하듯이, 아무리 큰 목표라도 갑자기 한 번에 확 이루어지는 일은 없으며 하나하나 차근차근 노력해 나아갈 때 이룰 수 있다는 뜻이야. 이 속담은 여러가지 경우에 두루두루 쓰일 수 있어.

우리나라는 1960년대부터 엄청난 경제 성장을 해 왔지. 그 이전 사람들은 불과 50여 년 만에 지금처럼 산업화, 첨단화된 대한민국은 감히 상상조차 못 했을 거야.

하지만 이런 일이 50여 년 만에 갑자기 일어난 건 아니야. 많은 사람들이 자기 맡은 자리에서 열심히 일해 왔기 때문에 이룩한 것이지.

바로 '천 리 길도 한 걸음부터'라고, 꾸준한 땀과 노력의 결과라고 할 수 있어.

또 세계에서 가장 높은 건물을 세운다고 생각해 보자. 역시 처음은 건물을 세우기 위한 기본 단계, 땅을 파는 일부터겠지? 또 학생들은 목표한 점수를 얻기 위해서 문제 하나하나 풀어가야 하니 이 또한 '천 리 길도 한 걸음부터'라는 속담에 맞는 경우야.

너희는 지금 천 리 길을 가기 위해 어떤 방법으로 한 걸음씩 뗄 준비를 하고 있을까?

 **뜻이 통하는 속담**

천 리 길도 한 걸음부터 = 시작이 반이다.

어떻게 쓰일까?

- 성적이 많이 오르지 않았다고 실망하지 마. 천 리 길도 한 걸음부터 가는 거야!
- 천 리 길도 한 걸음부터 니까 지금은 초급이어도 언젠가는 피아니스트가 될테야.

속담으로 **글쓰기** | 기행문

처음 북한산을 오르다

평소 등산을 좋아하시는 아버지를 따라 주말에 북한산 산행을 갔다.

요즘 단풍이 최고 아름다울 때라며 산을 좋아하지 않는 나를 거의 억지로 끌다시피 데리고 가셨다. 차를 타고 북한산 입구에 도착. 아래에서 올려다 본 북한산은 그저 끝이 보이지 않는 거대한 산이었다. 아버지는 처음 등산을 하는 나를 위해 하급의 코스라고 할 수 있는 1시간 20분이 걸리는 보국문 코스를 선택하셨다. 정릉 탐방 지원 센터에서 출발하여 살한이교, 청수폭포, 깔딱고개를 지나는 2.4킬로미터 코스이다. 산을 오르자 정릉 계곡의 맑은 물과 마치 수채 물감을 뿌려 놓은 듯 울긋불긋한 단풍 숲이 펼쳐졌다.

깔딱고개를 오를 때는 정말 숨이 깔딱 넘어갈 듯 힘이 들었지만 산에 올라 아래를 내려다보니 무언가 모를 뿌듯함으로 가슴이 벅차올랐다.

<u>천 리 길도 한 걸음부터</u>라고 하더니 아래에서는 그저 막연하게만 보이던 커다란 산에 내가 올라 선 것이다. 이것이 바로 등산하는 사람들의 즐거움이 아닐까. 숲의 싱그러운 공기를 한껏 마시며 나는 또 산에 오르리라 다짐했다.

📄 이럴 땐 이런 속담

글에서 '천 리 길도 한 걸음부터'라는 속담을 쓰면서 처음에는 엄두가 안 나던 일을 해낸 글쓴이의 감동을 잘 나타내고 있어. 이 속담은 어떤 결과를 얻기 위해 차근차근 순서를 밟아 간다는 내용의 어떤 글에도 어울릴 수 있어. 그만큼 쓰임새도 많고 의미가 넓은 속담이라고 할 수 있지.

지성이면 감천이다

뜻풀이

어떤 일이든 정성을 다하면 하늘도 돕는다는 뜻.

속담 들여다보기

정성을 다하면 하늘도 움직여

옛날에 지성이라는 걷지 못하는 아이와 감천이라는 눈이 안 보이는 아이가 살았어.

둘은 서로의 다리가 되고 눈이 되어, 감천이가 지성이를 업고 다녔지. 모두 부모님이 안 계시는 고아였거든. 그렇게 여기 저기 떠돌아다니던 지성이와 감천이가 어느 날 물을 마시려고 간 샘물 속에서 커다란 금덩어리를 발견했어.

"와, 이 금덩어리는 감천이 네가 가져." 지성이는 감천이의 손에 금덩어리를 쥐어 주었어. "난 금이 보이지도 않는데 그걸 가져서 무엇해? 지성이 네가 가져." 감천이가 다시 지성이의 손에 금덩어리를 건네주었지.

결국 지성이와 감천이는 그 금덩어리를 주워 가지고 다니다가 길에서 만난 한 스님에게 주기로 했지.
"스님, 저희는 이런 금덩어리가 필요 없어요. 이것으로 절을 지어 주세요."
오랜 시간이 흐른 뒤에 지성이와 감천이가 한 절 앞을 지나가게 되었어. 절 앞에서 감천이가 지성이를 내려놓고 잠시 쉬고 있는데 감천이가 말했어.
"지성아, 지금 이 소리 들려? 지성이, 감천이……. 우리 이름을 부르는 것 같은데?"
지성이도 절 안으로 귀를 기울여 보니 정말 누군가가 이름을 부르는 소리가 들렸어. 둘이 절 안으로 들어가는데 갑자기 지성이를 업고 가던 감천이의

눈이 보이기 시작하는 거야.

  너무 놀란 감천이는 지성이를 내려놓고 좋아서 팔짝팔짝 뛰었어.

  그러자 덩달아 신이 난 지성이도 감천이를 따라 기뻐서 팔짝팔짝 뛰었지.

  "지성아! 너 다리가……, 너 걸을 수 있게 됐구나?"

  그래, 지성이는 걸을 수 있게 되고 감천이는 볼 수 있게 되는 기적이 일어난 거야.

  둘이 소리를 따라가 보니 그곳에는 예전에 금덩어리를 받았던 스님이 지성이 감천이 이름을 부르면서 불공을 드리고 있는 게 아니겠어?

  "절을 지어 놓고 두 분을 만나게 해 달라고 매일 부처님께 빌었더니 드디어 만나게 되는군요." 스님도 지성이와 감천이도 이 기적 같은 일에 함께 기뻐했어. 이렇게 정성을 다하면 기적 같은 일도 일어나는 법이란다.

뜻이 통하는 속담

지성이면 감천이다. = 정성이 지극하면 돌 위에도 풀이 난다.

어떻게 쓰일까?

- 과학자가 꿈이라는데 **지성이면 감천** 이라고 노력하면 안되는 게 어디 있겠니?
- 그렇게 열심히 기도하더니, **지성이면 감천** 이라고 네 덕에 할머니 병이 나으셨어.

112

속담으로 글쓰기 | 일기문

2012년 12월 24일, 날씨 맑다가 눈

오늘은 누구에게나 행복한 크리스마스이브.
세상이 온통 축제 같은 좋은 날 나는 혼자 집에만 있어야 했다.
항상 회사 일이 바쁘신 아빠와 편찮으신 할머니의 병간호를 하시느라 병원에 계시는 엄마 때문에 크리스마스도 다른 날처럼 혼자 냉장고 안에서 반찬을 꺼내 밥을 차려 먹고 숙제를 하고 TV를 봤다.
TV 드라마에서는 가족들이 모여 크리스마스 파티를 하는 장면이 나왔다. 오래 전 우리 식구도 케이크에 초를 꽂고 크리스마스 캐롤을 부르는 크리스마스 파티를 했었다. 난 마음속으로 기도했다. 이번에는 크리스마스 파티를 꼭 할 수 있게 해 달라고. 정말 간절히 빌었다. 그러자 기적 같은 일이 벌어졌다.
잠든 내 앞에 크리스마스 케이크를 든 아빠와 엄마가 서 계시는 것 아닌가? 우리 세 식구는 케이크에 촛불을 꽂고 캐롤을 부르고 생크림도 찍어 먹으며 즐거운 크리스마스이브를 보냈다. <u>지성이면 감천</u>이라고, 내 기도가 하늘을 감동시킨 걸까? 오늘은 정말 몇 년 만에 가져 보는 즐거운 크리스마스이브였다.

이럴 땐 이런 속담

크리스마스이브를 외롭게 보내게 되어 서운했던 친구가 기적 같은 크리스마스이브를 보내기까지 얼마나 마음을 담아 간절히 기도를 했는지 '지성이면 감천'이라는 속담이 잘 표현해 주고 있어. 이 속담은 무엇이든 정성을 다하면 하늘도 감동시킨다는 말로 노력하여 성공했다는 내용의 글에 인용하면 좋은 글쓰기가 되겠어.

제비는 작아도 강남 간다

뜻풀이

모양은 비록 작아도 제 할 일은 다 한다는 뜻.

속담 들여다보기

작아도 야무진 제비

작고 날쌘 새, 제비를 알고 있지? 특히 우리나라 옛날이야기나 속담에는 제비라는 새가 많이 등장해.

흥부 놀부 이야기를 봐도 다친 다리를 고쳐 준 착한 흥부에게 강남 갔던 제비가 신기한 박씨를 물어다 주어서 은혜를 갚잖아.

한 해 길흉을 점치는 것으로 제비집이 처마나 추녀의 안쪽에 있느냐 바깥쪽에 있느냐로 판단하기도 했대. 안쪽에 있으면 그 집은 잘되지만 바깥쪽에 집을 지으면 흉한 일이 있을 것으로 믿었고 만일 제비가 방 안에 들어와 집을 지으면 큰 복이 들어 왔다고 생각했대.

새끼를 낳고 키우고 강남으로 돌아갈 때까지 제비는 그야말로 최고의 대접을 받았다고 하는데 그만큼 제비가 우리 민족에게 사랑 받아 온 새라는 걸 알 수 있어.

　사람들은 때가 되면 따뜻한 남쪽 나라로 날아갔다가 봄이 되면 다시 돌아오는 작은 제비를 신기하게 생각했나 봐. 많은 이야기들의 주인공으로 이 작은 새를 이용한 걸 보면 말이야.

제비는 기온에 따라 옮겨 다니는 철새야. 제비가 강남으로 간다는 것은 겨울이 되어 추워진 우리나라의 날씨를 피해 중국의 양쯔 강 남쪽의 따뜻한 지역으로 간다는 말이지.

그 작은 몸으로 먼 길을 날아가는 제비를 두고 작아도 제 할 일은 다 한다는 뜻으로 '제비는 작아도 강남 간다.'라는 속담이 쓰였는데, 너희들 주위에도 다른 아이들보다 작지만 야무지고 자기 할 일을 척척 해내서 인정받는 친구가 있니?

그런 친구들이 바로 제비처럼 야무진 친구지. 이런 친구들을 작고 약하다고 무시하거나 놀리면 안 되겠지?

뜻이 통하는 속담

제비는 작아도 강남 간다. = 제비는 작아도 알만 낳는다.
= 작은 고추가 맵다.

어떻게 쓰일까?

- 걱정 마. **제비는 작아도 강남 간다**고 네 동생이 비록 어리지만 혼자 올 수 있어.

- **제비는 작아도 강남 간다**고 그 작은 키로 달리기 1등만 하는 지애는 참 대단해.

속담으로 글쓰기 | 동시

내 짝 그림자

내 짝 그림자가 내 그림자와 나란히 길을 걷는다.
내 그림자는 열 뼘 내 짝 그림자는 일곱 뼘
내 짝 그림자는 열 뼘 키에 맞추려고 총총 걷는다.

내 짝 그림자가 내 그림자와 어깨동무를 하고 걷는다.
내 그림자가 절룩 내 짝 그림자가 절룩
내 짝 그림자는 기울어진 어깨를 따라 절룩이며 걷는다.

다리 아픈 내 그림자를 부축하는 작은 내 짝 그림자.
제비는 작아도 강남 가고 작은 고추가 맵다고
내 짝 그림자는 야무진 제비 매운 고추 같다.

이럴 땐 이런 속담

이 동시는 자신이 아픈 다리로 키 작은 짝의 도움을 받아 걷는 것을 그림자에 비유하고 있어. 자신보다 키가 작아서 걸을 때 총총 종종걸음을 치고 어깨동무를 하고 걸을 때 절룩거리는 모습이지만 야무지게 친구를 위해 애쓰는 짝의 모습을 이야기하면서 '제비는 작아도 강남 간다.'는 속담을 썼어. 이 속담은 짝에 대한 고마움과 칭찬하는 마음을 함축적으로 표현하고 있어.

될성부른 나무 떡잎부터 알아본다

뜻풀이

자라서 크게 될 사람은 어릴 적부터 다르다는 뜻.

속담 들여다보기

너희는 무한한 가능성을 가진 떡잎들이야

매년 봄이 되면 피는 새싹들을 볼 수 있을 거야. 새싹이 움트면서 나오는 첫 번째 잎으로 싹이 나기도 전에 볼 수 있는 떡잎이란 게 있지. 떡잎만을 보고 그 나무가 큰 나무가 될지 작은 나무가 될지 알 수 있을까?

떡잎은 크게 외떡잎과 쌍떡잎으로 나뉘는데 외떡잎은 커서 대나무 등 잎의 결이 없는 식물로 자라고 쌍떡잎은 커서 깻잎 같은 잎의 결이 그물처럼 되어 있는 그물맥 식물로 자란대. 그래서 외떡잎식물과 쌍떡잎식물이 구분이 가듯 '될성부른 나무는 떡잎부터 알 수 있다.'라는 속담이 나오지 않았을까?

물론, 시들시들 빈약한 떡잎보다 윤기나고 빛깔 좋은 떡잎이 좋은 나무로 자랄 확률이 높다는 뜻도 담겨 있을 거야.
  나무가 자라듯이 아이들도 새싹이나 나무처럼 생각해 본다면 장난만 치던 어린이는 나중에 자라서도 장난을 잘 치는 어른이 될 테고 공부를 잘하는 어린이는 나중에 어른이 되어서도 끝없이 공부하고 연구하는 사람이 된다는 말이지.

너희들 위인전을 많이 봤지? 위인전을 읽다 보면 공통적으로 느끼게 되는 것이, 훌륭한 사람들은 어릴 적부터 남달랐다는 점이야.

시련을 이겨내는 모험심과 용기가 있거나 어른들도 놀라게 하는 지혜를 보여 주기도 하고 말이야. 나무의 떡잎이 어떠냐가 장차 그 나무의 미래를 말해 주듯이 어린이들도 지금의 생활 습관이 미래에 영향을 주지.

지금도 늦지 않았어. 앞으로 펼쳐질 미래를 위해 바른 생각과 습관을 가지고 노력한다면 그야말로 될성부른 나무가 되는 것이란다.

우리 어린이들은 장차 얼마나 훌륭한 사람이 될지 모르는 떡잎들이야.

스스로 큰 나무가 될 될성부른 떡잎이라는 것을 잊지 말고 하루하루 노력하면서 생활하도록 하자.

뜻이 통하는 속담

될성부른 나무 떡잎부터 알아본다. = 열매 될 꽃은 첫 삼월부터 안다.
= 푸성귀는 떡잎부터 알고 사람은 어렸을 때부터 안다.

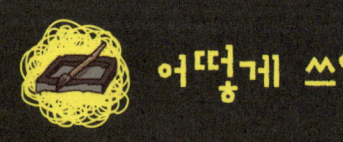

- **될성부른 나무 떡잎부터 알아본다**고 한글을 만드신 세종 대왕은 어렸을 때부터 책을 좋아하는 총명한 아이였어.

속담으로 글쓰기 | 음악 감상문

고통을 예술로 승화시킨 불후의 명곡 (베토벤 교향곡 5번 운명)

베토벤의 교향곡 5번 '운명'은 베토벤이 청력을 상실한 지 얼마 되지 않아 만든 작품이라고 한다. 청력을 잃은 베토벤이 자신의 시련을 벗어나기 위한 몸부림에서 작곡된 음악이라 그런지 첫 부분부터 천둥이 내리치는 듯한 연주에 강한 느낌을 받게 되는 음악이다.

단조로 시작하여 마지막 악장에서 C장조로 끝맺는 것은 청각 장애의 시련을 어둠에서 빛으로, 고통에서 환희로 극복한 베토벤의 강인한 의지를 표현한 조성 진행으로 들린다.

또한 인간의 고뇌, 고독을 매우 심각하게 표현을 하면서도 때로는 아기자기한 맛도 느끼게 해 전체적으로 템포가 빠른 느낌을 준다. '운명'은 베토벤의 교향곡 중 가장 사랑받는 걸작으로, 베토벤은 이 외에 많은 걸작을 남겼다.

<u>될성부른 나무는 떡잎부터 알아본다고</u>, 베토벤은 여덟 살 때에 이미 피아노 협주곡으로 대중 앞에서 놀라운 연주 실력을 보였다. 이 곡은 한 천재의 안타까운 운명을 아름다운 음악으로 승화시킨 불후의 명곡이라고 할 수 있다.

이럴 땐 이런 속담

위인들의 전기에서 가장 많이 쓰일 수 있는 속담이 바로 이 속담이 아닐까? 훌륭한 사람은 갑자기 만들어지는 것이 아니고 너희들처럼 어릴 적부터 실력을 갈고 닦아야 하는 거야. 위대한 작곡가인 베토벤 역시 어릴 적부터 남달랐다는 이야기를 이 속담으로 잘 나타내 주고 있어.

열 번 찍어 안 넘어가는 나무 없다

뜻풀이

불가능할 것 같아 보이는 일도 여러 번 시도하고 애쓰면 결국 이룰 수 있다는 뜻.

속담 들여다보기

끊임없는 도전은 성공의 지름길

어느 마을에 너무나 예쁜 외모의 아가씨가 살았단다. 모든 남자들에게 사랑을 받았고 남자들이라면 누구나 그 아가씨와 결혼하는 것이 꿈이었어. 그 아름다운 아가씨를 보면서 남자들은 가정을 꾸린 자신의 멋진 미래를 상상하면서 행복해 했지.

하지만 그 아가씨는 예쁜 외모만큼 마음이 착하지는 않았어. 자신에게 사랑 고백을 해 오는 남자들을 모두 무시하고 다신 고개를 들지 못하게 창피를 주었어.

남자들은 자존심이 상하고 절망해서 다신 아가씨에게 말도 걸지 않았지. 아가씨의 콧대는 하늘 높은 줄 모르고 치솟았어.

그런데 언제부터인가 마을에서 가장 못생긴 젊은이가 아가씨와 결혼하겠다고 소문을 내고 다니는 거야.

이 이야기를 전해 들은 아가씨는 화가 나서 젊은이에게 찾아가 따졌어.

"감히 어디서 그 얼굴로 나하고 결혼을 한다는 거예요? 주제도 모르고."

아가씨의 이런 기분 나쁜 말에도 젊은이는 다른 남자들처럼 화를 내지 않았어.

"당신이 너무 아름답기 때문에 못생긴 저도 당신과 결혼하고 싶다는 용기를 갖게 만듭니다. 제발 저와 결혼해 주세요." 오히려 더 적극적으로 사랑 고백을 했지.

아가씨는 기가 막혀서 더 이상 말을 하지 못했어. 그 뒤로 젊은이는 매일 같이 아가씨에게 구애를 했지. 마을에는 두 사람이 결혼할 것이라는 소문이 나고 아가씨도 이젠 소문이 커져서 다른 곳으로 시집을 갈 수도 없는 상태가 되었어.

또한 매일 정성스러운 선물과 꽃으로 구애를 하는 젊은이가 언제부턴지 멋져 보이기 시작한 거야. 그래서 결국 두 사람은 진짜 결혼을 하게 되었대.

이렇게 불가능할 것 같은 사랑도 노력하면 결실을 맺듯, 작은 도끼로는 넘어가지 않을 것 같은 거대한 나무도 여러 번 노력과 정성을 다해 찍으면 넘길 수 있다는 의미를 가진 속담이야.

뜻이 통하는 속담

열 번 찍어 안 넘어가는 나무 없다. = 작은 도끼도 연달아 치면 큰 나무를 눕힌다.

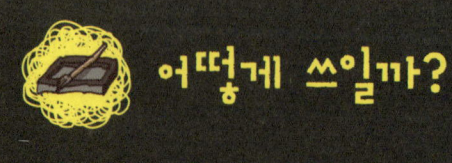

- 종호가 드디어 수지랑 결혼하는구나. 열 번 찍어 안 넘어가는 나무 없다더니.
- 실패했다고 포기하지 마, 열 번 찍어 안 넘어가는 나무 없다고 포기하긴 일레!

속담으로 글쓰기 | 독서 감상문

동화 속 해피 엔딩과는 달라! (《돼지치기 왕자》를 읽고)

《돼지치기 왕자》에서 작은 나라 왕자는 큰 나라 공주와 결혼하고 싶어 꾀를 내어 낮에는 돼지를 치고 밤에는 냄비를 만들어 공주의 환심을 산다. 공주는 왕자가 만든 냄비를 갖고 싶어 냄비를 사려고 하자 왕자는 돈 대신에 입맞춤 열 번을 하면 냄비를 준다고 한다. 공주는 더러운 돼지치기와 입맞춤을 하는 것은 싫지만 냄비가 갖고 싶어서 그만 입맞춤을 하고 그 모습을 본 공주의 아버지는 공주와 돼지치기 왕자를 나라에서 내쫓는다.

왕자가 <u>열 번 찍어 안 넘어가는 나무가 없듯이</u> 자신의 꾀에 넘어 온 공주를 받아들여 자신의 나라로 데려가 함께 살 것이라고 생각했지만, 왕자는 진정 소중한 것을 알아볼 줄 모르는 공주는 필요 없다며 공주를 두고 떠난다. 아무리 아름다운 공주라도 사람의 진실한 마음을 알아보지 못하고 물건의 값비싼 정도만 볼 줄 아는 어리석은 사람이라면 결국 불행하게 된다는 것이다.

나도 선물의 값비싼 정도만 따지지 말고 그 안에 들어 있는 정성까지 헤아릴 수 있는 마음을 가지도록 노력해야겠다.

이럴 땐 이런 속담

돼지치기 왕자는 더러운 돼지를 기르는 일을 하면서까지 공주의 마음을 얻기 위해 노력했지. 열 번 찍어도 안 넘어 가는 나무가 없듯이 도도한 공주도 결국 돼지치기 왕자의 꾀에 넘어가 더러운 돼지치기에게 입까지 맞추잖아. 이렇게 불가능한 일을 가능하도록 끊임없이 도전한다는 뜻의 문장에 쓰이는 재미있는 속담이야.

감나무 밑에 누워 연시 떨어지기를 바란다

뜻풀이

열심히 노력하지 않고 좋은 결과만 바란다는 뜻.

속담 들여다보기

세상에 공짜로 얻어지는 것은 없어

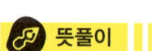

잘 익은 연시를 먹으려면 먼저 감나무에 올라가 연시를 따서 먹어야 하지.

그런데 만약 잘 익은 연시를 먹고는 싶은데 감나무에 오를 자신이 없다면 어떻게 할래? 잘 익은 감이 스스로 떨어질 만한 위치를 계산해서 그 아래에 입을 벌리고 누워 있으면 어떨까? 상상해 봐.

감나무 밑에 누워서 입을 벌리고 있다면 잘 익은 연시가 저절로 떨어져서 입에 쏙 들어 올까? 글쎄…….

그래, 운이 좋아 연시를 먹게 된다고 치자. 한참 동안을 기다리며 누워 있던 내 입안으로 저절로 떨어져 들어온 연시는 과연 어떤 것일까?

감나무에서 스스로 떨어진 연시는 익을 대로 다 익어서 가지에 더 이상 붙어 있을 힘이 없어서 떨어지는 것이기 때문에 터지거나 상한 연시일 거야. 탐스럽고 맛있는 연시를 먹고 싶다면 직접 나무에 올라가 따 먹는 노력 정도는 해야 하지 않을까.

이 속담은 나무 밑에 누워서 맛있는 연시가 저절로 떨어져 주기를 기다리는 것같이 아무런 노력도 하지 않고 좋은 결과가 오기를 바란다는 뜻이야.

감나무 밑에 누워서 연시를 기다리는 일이 참 어리석어 보이지만 우리는 알게 모르게 이런 어리석은 일을 저지르기도 해.

　공부를 열심히 하지 않고 성적이 오를 것을 바라기도 하고 엄마, 아빠 말씀을 잘 듣지 않으면서 용돈을 올려 주기를 바라는 일 등, 노력 없이 좋은 결과를 바라는 모든 행동들이 감나무 밑에 누워서 연시를 기다리는 행동과 다를 바가 없는 것이야.

　자, 나도 모르게 얼마나 어리석은 일을 하고 있었는지 알겠지? 노력이 없이 되는 일은 아무것도 없어. 설사 노력 없이 운으로만 이루어진 일이 있다면 그 행운은 오래 가지 못할 거야. 우리는 감나무 밑에 누워만 있지 말고 연시를 따 먹기 위해 나무에 스스로 오르는 사람이 되자.

뜻이 통하는 속담

감나무 밑에 누워 연시 떨어지기를 바란다. = 누워서 저절로 입에 들어오는 떡은 없다.

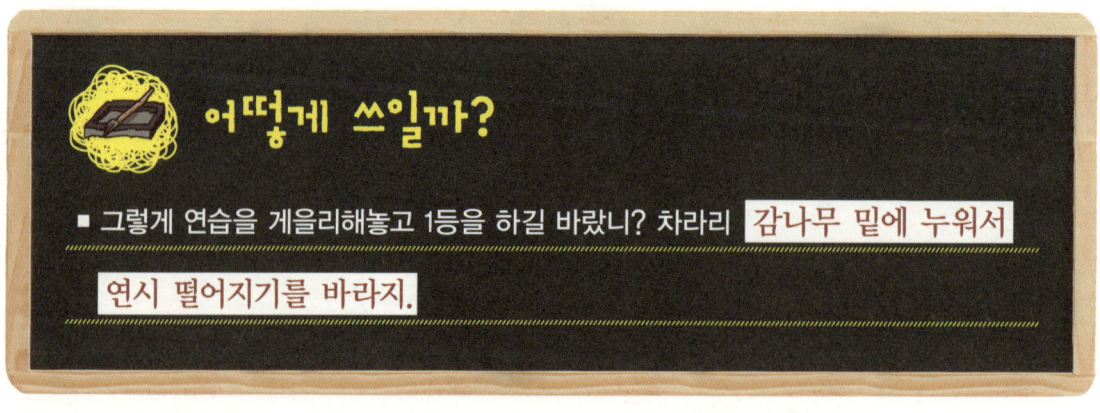

속담으로 글쓰기 | 일기문

2013년 5월 21일 맑음

오늘은 교내 사생 대회가 있는 날이었다. 주제는 〈나의 미래〉.

주제가 정해지자 학생들은 모두 그림을 그리기에 바빴다.

나는 사실 이번 사생 대회를 너무 얕잡아 본 것 같아 후회가 된다. 교내 사생 대회가 열릴 때마다 나는 그림만 그리면 상을 탔기 때문에 이번에도 미리 구상도 안하고 깊이 생각도 않은 채 처음 떠오르는 대로 그림을 그렸다. 밑그림을 그리고 나서 다른 아이디어가 떠올랐지만 귀찮아서 고치지 않았다.

그렇게 만족스럽지 못한 그림을 제출하고 입상 발표를 기다렸다.

결국 나는 입상하지 못했다. 나에 대한 기대가 컸던 담임 선생님과 부모님도 적잖이 실망하신 것 같다.

그동안 내가 너무 오만했던 거 같다. 반성한다. 사생 대회 전에 그림 그리는 연습도 하고 더 좋은 아이디어가 떠올랐을 때 고쳤어야 하는데 하지 않은 나는 <u>감나무 밑에 누워 연시 떨어지기를 바란</u> 바보 같았다. 이제는 노력 없이 좋은 결과를 바라지 않을 것이다.

이럴 땐 이런 속담

'감나무 밑에 누워 연시 떨어지기를 바란다.'는 속담은 자신의 행동을 반성하는 글이나 어리석은 누군가를 지적하는 글에 주로 쓰여. 아무런 노력도 없이 공짜를 바란다거나 소극적인 사람을 말할 때 이 속담을 쓰면 그 상황의 어리석음을 강조할 수 있는 글이 될 수 있지.

티끌 모아 태산

뜻풀이

티끌처럼 작은 것도 모으면 태산과 같이 커질 수 있다는 뜻.

속담 들여다보기

절약하고 모으는 습관을 기르자

'티끌 모아 태산'이라는 속담의 유래는 불교 경전에서 나온 말이라는 주장과 조선 시대 이항복의 이야기에서 나왔다는 말이 있어.

조선 광해군 때 골목대장처럼 아이들을 몰고 다니며 놀던 어린 이항복이 놀면서 마을 대장간에서 버린 말의 편자를 주워 모았는데 항복의 어머니가 이를 보고는 "지금은 쓸모없는 쇳조각이지만 나중에 꼭 필요한 날이 올 것이다."라고 격려를 했대.

근데 놀랍게도 나중에 편자를 아무렇게나 버리던 대장간 주인이 노름으로 망하게 된 거야. 노름으로 일도 게을리해서 새로운 쇠를 살 수도 없는 처지에 놓인 대장간 주인은 절망하고 있었지.

이때 항복이 대장간 주인에게 그동안 주워 온 편자를 모두 가져다주고 다시 대장간을 일으키게 했다는 이야기야.

쓸모없는 말편자, 작은 쇳조각이 모여서 나중에는 대장간을 다시 일으킬 만큼의 큰 가치가 될 수 있다는 것을 말해 주지.

이 지혜로운 아이 이항복은 '오성과 한음'으로 유명한 조선 중기의 문신 오성 이항복이야. 이항복은 어릴 적부터 남다른 재능과 재치가 있어 많은 사람들을 도왔다고 하는데 이 일화도 그중 하나라고 해.

이항복이 조그맣고 쓸모없어 보이는 버려진 말편자를 하나하나 모아서 나중에 대장간을 다시 일으킬 만큼 많은 양의 쇠로 만들었듯이, 티끌처럼 아주 작은 물건도 꾸준하게 모으면 어느 순간 태산처럼 큰 가치를 발휘하게 된다는 뜻이야.

우리 친구들도 작은 물건, 적은 용돈이라도 함부로 여기지 말고 잘 모아 두면 티끌이 모여서 태산이 되듯 커다란 가치가 있는 물건이 될 수 있다는 것을 잊지 말자.

뜻이 통하는 속담

티끌 모아 태산 = 천 리 길도 한 걸음부터
= 가랑비에 옷 젖는다.

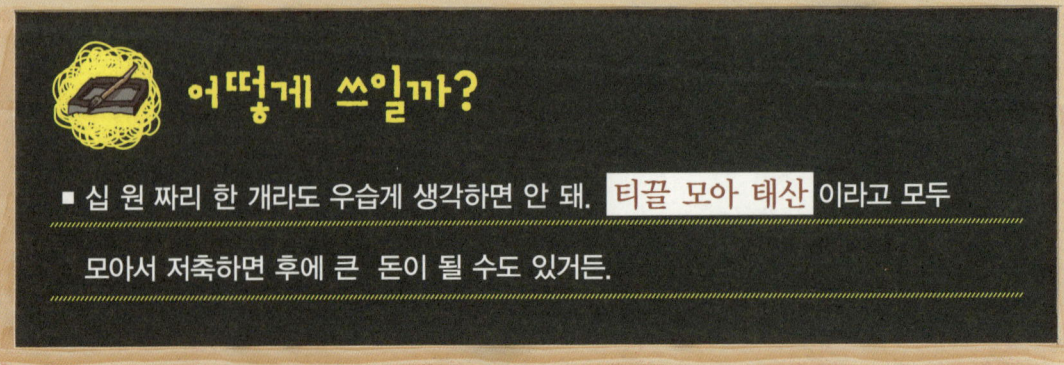

어떻게 쓰일까?

■ 십 원 짜리 한 개라도 우습게 생각하면 안 돼. **티끌 모아 태산**이라고 모두 모아서 저축하면 후에 큰 돈이 될 수도 있거든.

속담으로 **글쓰기** | 논설문

저축을 습관화하자

'땡그랑 한푼 땡그랑 두푼 벙어리 저금통이 아이고 무거워~'라는 노래가 있다. 많은 아이들이 글씨를 배우기 전부터 이 노래를 배운다. 대부분 무슨 뜻인지도 모르고 배우지만, 이 노래에는 저축에 대한 의미가 강하게 담겨 있다. 어릴 때부터 이러한 노래를 가르치는 것은, 그만큼 저축하는 습관이 중요하다는 의미일 것이다. 이러한 저축이 습관이 된다면 어떨까?

우리나라에서는 매년 10월 30일을 저축의 날로 정하고 저축왕들에게 상을 준다. 그런데 상을 받는 사람들 대부분은 돈이 많아 저축을 하는 사람이 아니라 천 원을 벌면 팔백 원을 저금하는 습관을 가진 사람들이다. 티끌 모아 태산이 되듯, 저축왕들은 하루하루 습관처럼 적은 돈을 모아 큰 돈을 만든 것이다. 많은 사람들의 작은 정성이 모여 불우이웃을 돕는 큰돈이 되는 것처럼 말이다.

이처럼 저축은 아침에 일어나 세수를 하고 밥 먹는 것처럼 습관이 되고 생활이 되어야 한다. 하루 얼마를 저축하는가 보다 하루도 거르지 않고 저축을 하는 것이 훨씬 더 중요하다.

이럴 땐 이런 속담

'티끌 모아 태산'이라는 속담은 작은 것이 모여서 큰 것이 되듯 참을성을 가지고 작은 일도 열심히 할 때 비로소 큰 성과를 이룰 수 있다는 내용에 인용하면 그 의미를 분명하게 표현할 수 있어. 윗글처럼 저축이야말로 티끌 모아 태산이 되는 가장 대표적인 예가 되겠지?

공든 탑이 무너지랴

🔑 뜻풀이

힘을 다하고 정성을 다해 이루어 낸 일은 쉽게 잘못되지 않아 나중에 좋은 결과를 가져온다는 뜻.

📖 속담 들여다보기

정성과 노력은 최고의 무기

예로부터 우리 조상들은 탑을 쌓아 어떤 소원을 비는 풍습이 있었어.

신성한 나무 밑이나 바위 옆에다가 소원을 빌며 돌탑을 쌓아 둔 모습을 한 번쯤은 본 적 있을 거야. 그냥 재미로 돌을 가져다가 마구 쌓아 둔 것이 아니고 작은 돌 하나하나에 정성과 마음을 다해서 조심스럽게 쌓아 두는 것이지.

신기한 건 그런 돌탑은 바람이 불고 비가 와도 잘 흐트러지거나 무너지지 않더라고.

그 이유는 사람들이 탑을 쌓을 때 들인 정성 때문이 아닐까?

신라 제 31대 신문왕 때 세운 경주의 감은사 석탑은 1300백 년이 넘도록 자태도 의젓하게 남아 있고, 불국사의 석가탑과 다보탑은 갓 쌓은 탑같이 수려한 모습을 잃지 않고 있잖아. 이 모두 딱딱한 돌을 다듬고 깎는 이름 없는 석수장이의 오랜 땀과 노력의 결과라고 할 수 있지.

오랜 시간동안 정성과 공을 들여서 한 층 한 층 쌓아 만든 탑은 타임머신처럼 시간에 구애받지 않고 과거에도 현재에도 미래에도 그 자리를 지키며 수려한 모습을 자랑하고 있는 거야.

돌을 정교하게 깎아야 하는데 잘 안된다고 대충 쌓아 올려서 탑을 만들었다면 오랜 세월의 비바람 속에 견딜 수 있었을까?

하지도 않고 어렵다고 미리 포기하거나 대충대충 넘어가려고 한다면 목표하는 일을 제대로 이룰 수 없어. 한 단계 한 단계 정성을 들여 탑을 쌓듯이 모든 일에 정성을 들인 후에야 비로소 목표 달성을 하게 되는 것이지. 마치 집을 지을 때 기초 공사를 튼튼하게 설계한 집들이 비바람에 튼튼히 견디어 내는 것처럼 말이지.

이처럼 어떤 일에 온 정성을 다해서 최선의 노력을 하면 그 결과는 반드시 좋고 쉽게 실패할 일이 없다는 것을 말해 주는 속담이 '공든 탑이 무너지랴.'야.

뜻이 통하는 속담

공든 탑이 무너지랴. = 정성이 지극하면 동지섣달에도 꽃이 핀다.

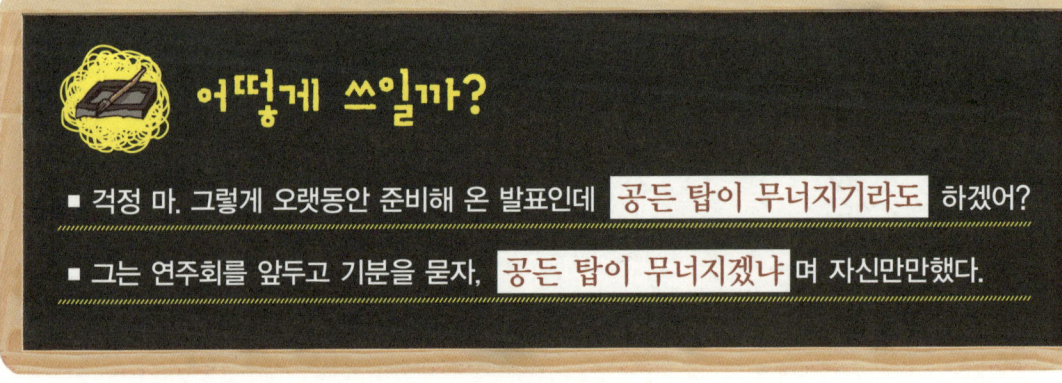

속담으로 글쓰기 | 독서 감상문

공든 탑은 무너지지 않는다 (《아기 돼지 삼형제》를 읽고)

노력한 사람이 진정한 승리자가 된다. 《아기 돼지 삼형제》를 읽고 내가 얻은 교훈이다. 아기 돼지들의 엄마는 세 형제에게 집을 나가서 각자 자기가 살고 싶은 집을 지으라고 했다.

덜렁거리는 첫째는 대충 바닥에 떨어져 있는 지푸라기를 모아서 뚝딱 집을 지었고, 먹을 것을 밝히는 둘째는 좋아하는 사과를 따 먹고 그 나무로 엉성하게 집을 지었다. 차분한 성격의 셋째는 벽돌을 구해서 튼튼하게 집을 지었다.

결국 늑대가 찾아와 첫째와 둘째의 집은 망가뜨렸다. 하지만 정성을 다해 지은 셋째의 벽돌집은 어떻게 되었을까? 공든 탑이 무너지랴! 셋째의 벽돌집은 늑대가 쳐 들어와도 튼튼하게 아기 돼지들을 보호해 주었다.

우리도 아기 돼지 삼형제처럼 선생님께 같은 숙제를 받았을 때 모두 각자 성격에 맞게 다르게 해 올 것이다. 빨리 끝내고 놀려고 대충 숙제를 하는 친구도 있을 것이고, 이것저것 찾아보고 정성스럽게 숙제를 하는 친구도 있을 것이다. 나는 막내 돼지처럼 노력해서 좋은 결과를 얻는 사람이 되고 싶다.

이럴 땐 이런 속담

막내 돼지가 정성을 다해 지은 집이 무너지지 않았듯이 정성을 다하면 어떤 어려움도 이겨낼 수 있다는 내용으로 '공든 탑이 무너지랴.'라는 속담이 쓰이면서 전달하려는 의미를 강조해 주고 있어. 반대는 '돌절구도 밑 빠질 날이 있다.'라는 속담인데 절대로 닳거나 깨지지 않을 것 같은 튼튼한 것도 언젠가 망가지듯이 영원한 것은 없다는 뜻이야.

문장력을 키워 주는 알짜배기 속담 30

바늘 가는 데 실 간다
– 바늘과 실이 서로 따라다니는 것처럼 관계가 있는 사람들끼리 서로 함께 한다는 말로 서로 떨어져서는 아무것도 할 수 없어 늘 붙어 다닌다는 뜻.

빈 수레가 요란하다
– 지식이 없고 교양이 부족한 사람일수록 더 아는 체하며 떠든다는 뜻. 실속 없이 허세만 부린다는 뜻.

좋은 약은 입에 쓰다
– 듣기 싫고 귀에 거슬리는 말일수록 도움이 된다는 뜻.

작은 고추가 맵다
– 몸이 작아도 힘이 세거나 재주가 뛰어나 어떤 일을 당차게 하는 사람을 두고 하는 말.

떡 줄 사람은 생각도 않는데 김칫국부터 마신다
– 어떤 일을 해 줄 사람은 생각도 안하는데 미리 해 줄 것이라 기대한다는 뜻.

되로 주고 말로 받는다
– 남을 살짝 건드렸다가 도리어 크게 당한다. 또는 조금 주고 그 대가로 몇 배나 더 받는다는 뜻.

돌다리도 두들겨 보고 건너라
– 잘 아는 일이라도 세심하게 주의를 하라는 뜻.

낫 놓고 기역 자도 모른다
– 낫을 눈앞에 놓고 비슷하게 생긴 기역 자도 모른다는 말로 아주 무식하다는 뜻.

등잔 밑이 어둡다
– 가까운 곳에서 생긴 일을 오히려 먼 곳 일보다 더 모른다는 뜻.

소 잃고 외양간 고친다
– 이미 일이 잘못된 뒤에는 손을 쓸 수 없음을 비꼬아 하는 말.

아니 땐 굴뚝에 연기 날까
– 모든 결과에는 반드시 원인이 있다는 뜻.

말 한마디에 천 냥 빚을 갚는다
– 말만 잘하면 어려운 일이나 불가능해 보이는 일도 해결할 수 있다는 뜻.

가는 말이 고와야 오는 말도 곱다
– 자기가 남에게 말이나 행동을 좋게 하여야 남도 자기에게 좋게 한다는 뜻.

낮말은 새가 듣고 밤말은 쥐가 듣는다
– 아무도 안 듣는 곳에서라도 항상 말조심을 해야 한다는 뜻.

발 없는 말이 천 리 간다
– 말은 순식간에 멀리 퍼져 나가기 때문에 조심하라는 뜻.

백지장도 맞들면 낫다
– 아무리 쉬운 일이라도 힘을 합치면 더 쉬워진다는 뜻.

사공이 많으면 배가 산으로 간다
- 일에 간섭하는 사람이 많으면 오히려 뜻밖에 실패하는 수가 있다는 뜻.

똥 묻은 개가 겨 묻은 개 나무란다
- 자신은 더 큰 흉이 있으면서 남의 작은 흉을 본다는 뜻.

벼는 익을수록 고개를 숙인다
- 교양이 있고 수양을 쌓은 사람일수록 겸손하고 남 앞에서 자기를 내세우려 하지 않는다는 것을 비유적으로 이르는 말.

세 살 버릇 여든까지 간다
- 나쁜 버릇은 쉽게 고쳐지지 않는다는 뜻.

개구리 올챙이 적 생각 못한다
- 자신의 지위가 높아지면 그 전에 지위가 낮고 어려울 때 생각을 못한다는 뜻.

콩 심은 데 콩 나고 팥 심은 데 팥 난다
- 모든 일은 원인에 따라 거기에 걸맞은 결과가 나타난다는 뜻.

천 리 길도 한 걸음부터
- 아무리 큰일도 시작은 작은 일부터 진행된다. 무엇이든 시작이 중요하다는 뜻.

지성이면 감천이다
- 어떤 일이든 정성을 다하면 하늘도 돕는다는 뜻.

제비는 작아도 강남 간다
- 모양은 비록 작아도 제 할 일은 다 한다는 뜻.

될성부른 나무 떡잎부터 알아본다
- 자라서 크게 될 사람은 어릴 적부터 다르다는 뜻.

열 번 찍어 안 넘어가는 나무 없다
- 불가능할 것 같아 보이는 일도 여러 번 시도하고 애쓰면 결국 이룰 수 있다는 뜻.

감나무 밑에 누워 연시 떨어지기를 바란다
- 열심히 노력하지 않고 좋은 결과만 바란다는 뜻.

티끌 모아 태산
- 티끌처럼 작은 것도 모으면 태산과 같이 커질 수 있다는 뜻.

공든 탑이 무너지랴
- 힘을 다하고 정성을 다해 이루어 낸 일은 쉽게 잘못되지 않아 나중에 좋은 결과를 가져온다는 뜻.

시험에 잘 나오는 쪽집게 속담

가는 날이 장날
– 뜻밖의 일이 우연히 잘 들어맞는다는 뜻.

가랑비에 옷 젖는 줄 모른다
– 가늘게 내리는 비는 조금씩 젖어 들기 때문에 여간해서 옷이 젖는 줄을 깨닫지 못한다는 뜻으로, 아무리 사소한 것이라도 거듭되면 무시하지 못할 정도로 크게 됨을 비유적으로 이르는 말.

가재는 게 편이다
– 가재도 게와 모양이 비슷하기 때문에 게 편을 든다는 말이니 서로 관련이 있는 것끼리 한편이 된다는 뜻.

같은 값이면 다홍치마
– 이왕 가격이 같다면 더 좋은 물건을 갖겠다는 뜻.

개밥에 도토리
– 개는 도토리를 먹지 않기 때문에 밥 속에 있어도 먹지 않고 남긴다는 뜻에서, 따돌림을 받아 외톨이가 된 사람을 비유적으로 이르는 말.

개똥도 약에 쓰려면 없다
– 평소에 흔하고 하찮게 여겼던 것도 쓸데가 생겨서 막상 구하려면 없다는 뜻.

개천에서 용난다
– 작은 개천에서 커다란 용이 나오듯 어려운 환경 속에서도 큰 인물이 나왔을 때 쓰는 말.

고래 싸움에 새우 등 터진다
– 힘 센 사람들이 서로 싸우는데 약한 사람이 사이에 끼어 관계없이 피해만 본다는 뜻.

까마귀 날자 배 떨어진다
– 아무 관계없이 한 일이 공교롭게도 때가 같아 어떤 관계가 있는 것처럼 의심을 받게 됨을 비유적으로 이르는 말.

나귀는 샌님만 업신여긴다
– 자기에게 만만해 보이는 사람에게는 별 까닭도 없이 함부로 대하는 경우를 비유적으로 이르는 말.

나그네 주인 쫓는 격
– 주객이 전도된 경우를 비유적으로 이르는 말.

낙타 바늘구멍 찾는 격
– 아주 어려운 것을 찾을 때 하는 말.

남의 떡이 커 보인다
– 내 것보다 남의 것이 더 많아 보이거나 좋아 보일 때 쓰는 말.

낫으로 눈을 가린다
– 낫으로 눈을 가리고 몸 전체를 가린 줄 안다는 뜻으로, 어리석고 미련한 짓을 비유적으로 이르는 말.

내 코가 석자다
– 내 코가 석자나 흘러 귀찮은데 남의 코 흐르는 걱정까지 하겠는가. 남의 걱정을 할 여유가 없다는 뜻.

누워서 침뱉기
– 누워서 침 뱉는 것처럼 남에게 해를 끼치려다가 오히려 자신에게 해가 돌아온다는 뜻.

누워서 떡먹기
- 편하게 누워서 떡을 먹는 것처럼 매우 쉬운 일을 뜻함.

눈치가 빠르면 절에 가도 젓갈을 얻어먹는다
- 눈치가 있으면 어디를 가도 군색한 일이 없다는 말.

다 된 죽에 코 빠뜨리기
- 다 이루어져 가는 일을 갑자기 망쳐 실패로 돌아갔을 때 쓰는 말.

다람쥐 쳇바퀴 돌듯
- 앞으로 나아가거나 발전하지 못하고 제자리걸음만 함을 비유적으로 이르는 말.

닭 잡아먹고 오리발 내민다
- 나쁜 일을 해 놓고 그 일이 드러나지 않게 엉뚱한 수작으로 남을 속이려고 한다는 뜻.

닭 쫓던 개 지붕 쳐다본다
- 쫓던 닭이 날아 지붕 위로 올라가자 개는 하는 수 없이 쳐다만 본다는 뜻으로 하던 일이 실패하여 별수 없게 됨을 이르는 말.

독 안에 든 쥐
- 독 안에 빠진 쥐처럼 피할 수 없는 위험한 지경에 이르렀을 때 하는 말.

듣는 것이 보는 것만 못하다
- 백 번 듣는 것이 한 번 보는 것만 못하다.

마른땅에 말뚝 박기
- 일을 어렵고 힘들게 마구 해 나가는 경우를 비유적으로 이르는 말.

마파람에 게 눈 감추듯
- 음식을 매우 빨리 먹어 버리는 모습을 비유적으로 이르는 말.

못된 송아지 엉덩이에 뿔난다
- 되지도 못한 사람이 오히려 건방지게 행동한다는 뜻.

미운 놈 떡 하나 더 준다
- 미운 사람일수록 잘 대해서 호감을 가지게 해야 한다는 뜻.

믿는 도끼에 발등 찍힌다
- 잘되리라고 믿고 있던 일이 어긋나거나 믿고 있던 사람이 배반하여 오히려 해를 입음을 비유적으로 이르는 말.

바늘 도둑이 소도둑 된다
- 나쁜 일일수록 점점 늘어서 나중에 큰 일까지 저지르게 된다는 말.

바람 바른 데 탱자 열매같이
- 겉은 그럴 듯하나 실속이 없는 모양을 비유적으로 이르는 말.

방귀 뀐 놈이 성낸다
- 자기가 잘못을 하고 오히려 화를 낼 때 하는 말.

병 주고 약 준다
– 해를 입힌 후에 어루만진다는 말.

배보다 배꼽이 더 크다
– 기본이 되는 것보다 덧붙이는 것이 더 클 때 하는 말.

불난 집에 부채질 한다
– 남의 안된 일에 보태어 더 안되게 한다는 말.

사람은 죽으면 이름을 남기고, 범은 죽으면 가죽을 남긴다
– 인생의 목적은 좋은 일을 하여 후세에 이름을 남기는 데 있다는 말.

사촌이 땅을 사면 배가 아프다
– 일가친척이나 아는 사람이 잘되면 심술이 난다는 뜻으로 남의 일을 공연히 시기하는 사람을 두고 이르는 말.

삼 일 안 새색시도 웃을 일
– 결혼한 지 삼 일도 안 된 새색시마저도 웃을 일이라는 뜻으로, 웃지 않고서는 도저히 배길 수 없는 일을 비유적으로 이르는 말.

쇠뿔도 단김에 빼라
– 쇠뿔도 뜨겁게 달아올랐을 때 빼야 빠진다는 뜻으로 무슨 일이든 시작하면 즉시 끝을 맺으라는 말.

숭어가 뛰니까 망둥이도 뛴다
– 자기 분수도 모르고 남이 하는 대로 따라하는 사람을 이르는 말.

쓰면 뱉고 달면 삼킨다
– 다른 사람은 생각 안하고 자신에게 이로운 것만 생각할 때 하는 말.

아닌 밤중에 홍두깨
– 별안간 엉뚱한 말이나 행동을 함을 비유적으로 이르는 말.

앓던 이 빠진 것 같다
– 아프던 이가 빠진 것처럼 걱정이나 밀린 일이 시원하게 해결되었을 때 쓰는 말.

약방에 감초
– 한약을 만들 때 꼭 들어가는 감초처럼 어떤 일이든 빠지지 않고 끼는 사람을 말한다.

언 발에 오줌 누기
– 꽁꽁 언 발에 오줌을 누면 그 순간은 따뜻하지만 나중에 그 오줌까지 얼 테니까 급해서 한 일이 더 나쁘게 된 경우.

엎드려 절 받기
– 상대편은 마음에도 없는데 이쪽에서 요구해서 억지 대접을 받는다는 말.

열 길 물속은 알아도 한 길 사람 속은 모른다
– 사람의 마음은 짐작으로 알기 어렵다는 뜻.

우물가에서 숭늉 찾는다
– 물에서 숭늉을 찾듯이 성격이 급한 사람을 두고 하는 말.

원님 덕에 나팔 분다
- 남의 덕에 호강을 할 때 하는 말.

입이 열 개라도 할 말이 없다
- 말할 입이 하나가 아니라 열 개나 있다고 해도 할 말이 없을 정도로 상대방에게 미안한 경우에 쓰는 말.

옥에도 티가 있다
- 아무리 훌륭한 사람도 한 가지쯤은 결점이 있다는 뜻.

우는 아이 젖 준다
- 무엇이든 원하는 사람이 얻을 수 있다는 뜻.

재주는 곰이 넘고 돈은 주인이 챙긴다
- 정작 일을 하는 사람은 따로 있고, 그 일로 인해 얻는 이득을 취하는 사람이 따로 있을 때 하는 말.

쥐구멍에도 볕 들 날이 있다
- 아무리 고생스러워도 언젠가는 행운이 올 때가 있다는 뜻.

지렁이도 밟으면 꿈틀 한다
- 아무 감각도 없어 보이는 지렁이도 사람이 밟으면 꿈틀한다는 말처럼 아무리 착하고 순한 사람도 건드리면 화를 낸다는 말.

짚신도 제 짝이 있다
- 누구에게나 걸맞는 짝이 있다는 말.

찬물도 위아래가 있다
- 무엇에든 순서가 있기 때문에 그 순서를 따라야한다는 의미.

참새가 방앗간을 그냥 지나랴
- 자기가 좋아하는 곳은 지나치지 못하고 반드시 들러서 간다는 뜻.

첫술에 배부르랴
- 단 한 숟가락의 밥으로 배가 부를 수 없는 것처럼 무엇이고 처음 시작하면서부터 훌륭할 수 없다는 의미.

친구따라 강남 간다
- 자기는 하고 싶지 않았으나 남에게 끌려서 쫓아 하게 되는 경우를 말함.

칼도 날이 서야 쓴다
- 무엇이나 제 기능을 할 수 있게 조건이 갖추어져야 그 존재 가치가 있음을 비유적으로 이르는 말.

칼로 물 베기
- 다투었다가도 시간이 조금 지나 곧 사이가 다시 좋아지는 경우를 비유적으로 이르는 말.

털어서 먼지 안 나는 사람 없다
- 결점을 찾아내고자 하면 누구든 허물이 없는 사람이 없다는 뜻.

팔이 안으로 굽지 밖으로 굽지 않는다
- 사람은 누구나 자기와 가까운 사람에게 정이 더 쏠린다는 뜻.

팔십 노인도 세 살 먹은 아이한테 배울 것이 있다
– 나이 어린 사람에게도 배울 것이 있다는 말.

팥으로 메주를 쑨대도 곧이듣는다
– 지나치게 남의 말을 무조건 믿는 사람을 놀림조로 이르는 말.

평양 감사도 저 싫으면 그만이다
– 아무리 좋은 일도 본인이 싫으면 하지 않는다는 뜻.

핑계 없는 무덤 없다
– 무엇이든 결과가 있는 것은 반드시 원인이 있고 핑계 거리가 있다는 말.

하룻강아지 범 무서운지 모른다
– 어리고 약한 사람이 강한 사람을 두려워하지 않고 철없이 굴 때 쓰는 말.

한 마리 고기가 강물을 흐린다
– 한 사람의 못된 행동이 사회에 큰 해를 끼칠 때 쓰는 말.

한 번 실수는 병가(兵家)의 상사(常事)
– 전쟁을 하다 보면 한 번의 실수는 늘 있는 일이라는 뜻으로, 일에는 실수나 실패가 있을 수 있다는 말.

호랑이에게 물려가도 정신만 차리면 산다
– 아무리 위급한 일이 일어나도 정신만 똑바로 차리고 있으면 위기를 모면할 수 있다는 뜻.

호미로 막을 것을 가래로 막는다
– 일이 크게 벌어지기 전에 대처했으면 수고가 덜 될 것을 그냥 내버려 두었다가 힘이 더 많이 들게 생겼을 때를 두고 하는 말.

호박이 넝쿨째로 굴러 왔다
– 뜻밖에 횡재가 생겼을 때 하는 말.

혹 떼러 갔다가 혹 붙여 온다
– 도움을 받으러 갔다가 도리어 해를 당한다는 말.

황소 뒷걸음질 치다가 쥐 잡는다
– 의도하지 않았지만 자신의 행동으로 인해 우연히 좋은 일이 생겼을 때 하는 말.